BLACK CAMEOS

BLACK CAMEOS

BY

ROBERT EMMET KENNEDY

DECORATIONS BY

EDWARD LAROCQUE TINKER

Short Story Index Reprint Series

BOOKS FOR LIBRARIES PRESS
FREEPORT, NEW YORK

First Published 1924
Reprinted 1970

INTERNATIONAL STANDARD BOOK NUMBER:
0-8369-3646-9

LIBRARY OF CONGRESS CATALOG CARD NUMBER:
72-130060

PRINTED IN THE UNITED STATES OF AMERICA

CONTENTS

SPIRITUALS

INTRODUCTION

In attempting these verbal transcriptions of Negro life in southern Louisiana, it is my desire to give true portrayals of the people as they really are. The neighbors, friends and playmates I have known from early childhood, —the "coleet" (colleague) and "ole-time a'quaintus" and "compair" (Creole patois for companion), by which terms they affectionately refer to themselves; types I have observed and studied sympathetically amid their native haunts and as servants in the homes of friends and in my own. The delightful "felluh-servan's of ainshun days, wen people was people an' li'l boy chillun use to run 'roun' in bull-wool breeches an' coppuh-toe brogans wat had to be shine wid brick dus' evvy Saddy so's people could see yuh comin' 'long foh blocks off."

Among them are a few survivors of the old plantation days of Louisiana, but more of them are of the present generation, who having been denied the advantages of modern advancement and education, remain unchanged and retain a surprising number of the primitive traits and qualities which make provincial folk so delightfully interesting.

To get a correct idea of the color and quality of the emotional temper of a race or nation, one may always feel sure of finding it most faithfully recorded in the native melodies and folk literature, the unfailing mediums of self-revelation and dramatization of mood and incident. Such utterances are valuable in that they are echoes of the common life of the people, lacking all the artificialities of civilization, and having all the vast and vague extravagances that color the simple dreams and impulses of the peasant heart.

In this class of primitive dream-maker and weaver of homely legend the untutored Negro is more than passingly interesting. He is a noteworthy factor when it comes to summing up literary values. Like the American Indian, he has made a beautiful unconditional bequest of song and legend which play an important part in the development of folk literature and music in this country. Aside from their undeniable characteristics recalling thoughts of slavery, long-suffering, pent-up emotions, and all the other elements expressing the semi-barbarous poetry of the beginning of things, there is also a native charm and individuality which must always link with the growth of the American nation. The Negro's habit of "thinking in pictures" is certain evidence of a naïve unhampered imagination, which would seem to contradict the assertion that he is little more than a clever mimic or imitator. What are considered as his imitations never embody the thought or form of any supposititious model. The essence is always native.

More than four decades ago, speaking of Negro music in his preface to "Cabin & Plantation Songs," Thomas P. Fenner said: "It may be that this people, which has developed such a wonderful musical sense in its degradation, will in its maturity produce a composer who could bring a music of the future out of the music of the past. At present, however, the freedmen have an unfortunate inclination to despise this music as a vestige of slavery; those who learned it in the old time, when it was the natural out-pouring of their sorrows and longings, are dying off, and if efforts are not made for its preservation, the country will soon have lost this wonderful music of bondage."

While it cannot be said that Mr. Fenner's prophecy has been fulfilled outright, it is pleasing to know that several Negro composers have made very satisfactory excursions into the field of folk melody, and have brought forth many gems from the plentiful store which still remains theirs in their own right. Music and poetry of this nature are largely the possessions of the plain, common people; the unlettered folk who have not lost the gracious charm of being natural. And perhaps it is due to their nearness to Nature and her secrets that one feels a sort of natural magic, something elemental, in these musical and poetical productions.

In all ancient literatures can be found splendid examples of inspired rhythmic songs and chants and prose cadences which were intoned to the accompaniment of musical instruments. The ones most generally known are: the Hebrew psalms and canticles given in the Bible; the lyrics and legends and canzonetti of the pastoral Greeks and Sicilians; the saga-songs and runes of the Scandinavians, and the ranns, battle-hymns, englyns and lamentations of the pagan Celts. In all of these there is a sublime simplicity of expression in both music and poetry which plays upon the emotions more readily than some scholarly production of any of the renowned masters.

In our own day, the untutored Negro of the South possesses this charm of inherent creative ability to an astonishing degree. He is wonderfully gifted musically, and fairly tingles with poetic tendencies; unconsciously expressing his most commonplace thought in the direct, rhythmic language of true poetry. Crude, semi-barbarous poetry, if you will, but savoring of the real, original essence.

In attempting these transcriptions of the

psychological aspects of the Negro character, I have endeavored to treat him subjectively rather than objectively; hoping to transmit to the reader the Negro's peculiar viewpoint and attitude of mind and his droll method of expressing them, by permitting him to tell his own story in his own simple, direct manner.

The English spoken by the Negro, while it may not be called a peculiar species of English, nevertheless has as many varied dialectical shadings in the southern States where it is spoken as the English language has in the rural districts of northern England. The dialect of the Louisiana Negro is quite different from the other Southern dialects, due to the influence of the French language which held sway in the colonies for so long a time, which language the Negro only partially assimilated. Added to his natural gift of euphony his appropriation of many French words artistically distorted, his acquired fluency in making what the French call "liaison," together with his predilection for high-sounding words and his wonderful talent for mispronouncing them, his dialect is unique.

His natural disregard for syntax and correct pronunciation, his graceful elisions and gentle elimination of any harsh consonants, all help to bring about effects so pleasing and musical that we are inclined to chase away the thought of his instruction and enlightenment for fear of losing something native and genuine and most difficult to assume.

The vowel sounds as he gives them are full and round. The letter "a" most invariably has the Old Country sound he gets through inheritance from his masters, the early settlers, who first spoke the language to the slaves. The letter "r" is never rolled, and frequently the letter "h" is substituted. In such words as "car," the letter "a" has the sound of "ah"; and the letter "r" becomes "h," giving the word the sound of "cah." The same word pronounced by a white Southerner would have the sound of "caw," which shows how much nearer to the good old Elizabethan pronunciation the Negro is than his white brother who speaks the same tongue. At the time of the introduction of Negro slaves into this country from Africa, the English spoken by the colonists and slave-traders on the Virginia Plantations was the archaic English of Queen Elizabeth's time. This was the language learned by the slaves; and true to old forms and traditions, like all primitive races, and having made very slow progress in rural localities, they have managed to preserve a relic which the white man has long since outgrown.

In such words as "cart," "carpenter," "hard," and "artificial," the pronunciation becomes "caht," "cahpentuh," "hahd," and "ahtifishul." When using the pronouns "he," "him," "her," most invariably the initial letters are left off, the words becoming, " 'e," " 'im," " 'uh." A word like "woman," becomes "ooman"; "belongs," "b'lonks"; "discern," " 'zern"; "appearance," " 'p'yeah'nce"; "substance," "supshun." A sentence like "you ought to see it yourself," would take the form of "y'awtuh see't yo'sef"; "let me look at the thing," would be expressed "lemme view de thing." Distortions like the following are common: "nights o' Peefus," for Knights of Pythias; "gates o' Mairy," for great Samaritan; "house on de roof," for the Household of Ruth. And the well-known hymn, "Nearer, My God, to Thee," is commonly referred to as "Nero."

An ever-present element of quaint humor of a subtleness wholly unintentional frequently creeps into many of their recitals, lending to them a dramatic quality of no small merit in a literary sense. And it does not confine itself to commonplace conversation and narration of simple incidents but enters into religious experiences and ceremonies as well. Splendid examples of this were the harangues and dissertations of one Reverend Limmon Bell, husband of Mahailey, the exemplary wife, who, through her sacrifice and devotion, enabled her gifted spouse to become a "revyun" (reverend), and afterward "come to be a doctuh divinnigy" (doctor of divinity), her one reward being the deep satisfaction of knowing that

"w'en love is king yuh gotta let 'im range"
(reign).

Limmon was the "Revyun" of the True Vine
Baptist Church, the glory and boast of the
whole East Green, a pleasant and peaceful Ne-
gro neighborhood in the town of Gretna just
across the river from "big New Leens." The
might of his eloquence and oratory not only
illuminated the mental twilight of his trusting
congregation, but it impelled them to sur-
render unto him as advisor absolute and to
dedicate to his august needs the first fruits of
all their honest labors. His inspired grandilo-
quence had earned for him the imposing title,
"the world's battle-ax"; and his masterful ex-
pounding of Scripture "texes" (texts) fur-
nished general conversation for days. When
he read to his eager followers from "Pizlum
Siv" (Psalm CIV), it never failed to reassure
them; and when he discoursed on the perfidy
of "Jujus Oss-cah" (Judas Iscariot), "de han'-
hiduh an' stone-th'owuh wat betrayed de Lawd
wen 'e sopped in de bowl wid 'im at de wel-
come-table," their interest would reach the ut-
termost extremity of Christian resentment.

The Baptist Negro is always deeply con-
cerned about the saving of his soul, and often
at an early age, "lays down his sinful ways"
and decides to become a "Chrishtun" (Chris-
tian). He begins "seekin' lijun," trying to find
the Lord, to reach a state of grace when he can

hear the Spirit speak within his soul. His experiences are many and varied and his patience is unbounded. He will take himself away from his family and friends, often denying himself food and sleep, frequenting graveyards and lonely places where he can retreat into the silence and wait for the message from the Spirit, speaking to him with inaudible voice. He has many fantastic visions all of which are positively real to his trusting, childish mind. Finally, he hears the Voice, and he hurries to reveal the glad tidings to the first person he meets. To this person he tells his whole experience, intoning it like a chant throughout in a plaintive minor melody with faultless rhythm. If the person he meets happens to be a woman or a young girl, she becomes his "gospel mother" at the time of the baptizing ceremony; if the person happens to be a man or a young boy, he becomes "gospel father."

Baptizings formerly took place in the river or bayou or stream of water that was nearest at hand; but of recent years nearly all the churches have pools dug in the churchyards, and they are filled with water at the appointed time, and the ceremonies are held on the grounds. The night before baptizing the "candidates for the pool" assemble before the church, and after much subdued humming and singing in chorus, one after another the candidates glide up the aisle, swaying in a rhythmic dance-movement, murmuring the burden of some hymn tune in an undertone, until they reach the altar where the deacons and the elders are seated, and there they stand and relate their fantastic experiences to the congregation. After a while the harmonious monotony and the exacting rhythm exert their intoxicating power over the congregation and their emotion grows more intense as the narrations go on. Like the chorus of the ancient Greeks, their exclamations and responses lend poetic fervor and religious elation to the enactment of the archaic drama; and sometimes from a state of mild hysteria the condition resolves itself into an incoherent frenzy, with loud shouting, wild jumping, bench-walking and acrobatic feats beyond belief.

Another interesting event in the life of the dweller in the East Green was the weekly Saturday night Fish Fry, where Moliere was hired for the night to "play de comb," and make music for the dance, and on special occasions give exhibitions of how "nigguhs use to dance de Congo way back yondah in ainshun days." He would take a large comb and put a piece of tissue paper over it, and then put it to his lips and sing through it, and the intoxicating music he produced was enough to make the very "Revyun" of the church break into dance.

Aside from this occupation Moliere's greatest concern was how he could furnish enough "fompee" to supply the demands of the women of the neighborhood. He had a great collection of pipes, all of them terrifically fragrant and gurgling, which he would smoke in turn and then scrape the nicotine out of them and sell it to the women to "put und'neaf dey bottom lip to chew." The word "fompee" is a corruption of the French "fond pipe," the bottom of the pipe. This fompee had the same effect as cocaine, opium or alcohol, and the women would sell their clothes to get it. Moliere made a business of providing them with the insidious poison and in that way earned enough small change to enable him to always have his little flask filled with "jigguh,"—which was nothing more than a cheap mixture he said was "policeman don' k'yeah w'iskey saluted wid watuh."

This fortifying "jigguh" was the means of keeping Moliere in a jolly humor all the time, and ready to sing for anyone who would listen to him. By a curious contrariety of nature he seemed to avoid all lighter forms of song and incline toward the "sperichal" and the "ballet" to express the elation of his mind, lending to them a seemingly religious fervor which never failed to excite the admiration and wonder of all whose good fortune it was to hear him.

The "ballets" and spirituals of the Baptist Negroes are devotional songs of a purely sentimental and emotional quality, like the music and poetry of all unlettered folk. They are original expressions of religious ecstasy; melodies that unconsciously sing themselves into being, the words, excellent specimens of primitive poetry.

The modern deluge of so-called "rag-time" and "coon-song" has had the unfortunate tendency to give the impression that the Negro is nothing more than a quaintly humorous mimic. Rag-time does not express the true Negro sentiment. It is a caricature of the people. A stage invention introduced by some exaggerating minstrel. The nearest approach to expressing the Negro nature in song was reached by Stephen Collins Foster in his plantation melodies, among them, the well-known "Old Folks At Home," "Old Black Joe," "Nellie Was a Lady," "Old Kentucky Home" and "Massa's In De Cold, Cold Ground,"—songs that will live as long as there are voices to sing them. Yet these same songs cannot be accepted as perfect specimens of Negro expression, because they are a trifle too polished and sophisticated to be typical of the simple, uneducated Negro of the plantation days or any later time.

Foster has given us very beautiful tone-poems of a sort of Negro sentimentalism, but he has missed the true psychology of the Negro temperament, which is the important fascinating thing that makes him so interesting a study.

Some writers on the subject have tried to rob the Negro of originality of musical expression, declaring that most of his melodies are fragments caught from white masters, paraphrased and dilated to suit the sentiment he wishes to express. And in the case of the Creole songs of the Louisiana Negro, some writers have tried to trace a relationship to the old Spanish and Provençal compositions, such as "La Golondrina" and "La Media Noche," and to the once-popular melodies of Lulli, Rameau, Boildieu, Adam and Flotow. Such may be the case regarding the folk songs, but their religious outbursts and devotional songs are essentially spontaneous. They are the unpremeditated melodies that have never been learned or pondered over and worked out for artistic effect. They are the extemporaneous outpourings of simple souls. It is in the devotional songs that you find the true racial characteristics,—the peculiarities of rhythm and interval, the manner of intonation, and the fantastic inter-weaving of the major and the minor modes. It is in these unpretentious productions that we find to what a remarkable degree these simple people are endowed with poetic sensibility.

Surprising as it may appear, the Southern Negro is conspicuous in that he seems to enjoy

the lone distinction of being the perpetuator
and disseminator of folk-music and ballad lit-
erature, employing the same means of dis-
posing of his homely compositions as the Eng-
lish, Scottish and Irish broadsheet sellers did
in the old days. For the sake of art and litera-
ture we express a feeling of obligation to him
similar to the feeling we experience towards
those good old chanting bards and wandering
minstrels who passed from one community to
another, serenading, lilting their ditties and
recounting their merry romances and rounde-
lays, in which manner they were kept alive
and disseminated from the shores of the Æg-
ean to far distant Iceland.

After the passing-out of the wandering bard
and professional minstrel the songs were well-
remembered by the people and sung by one
generation after another, and kept alive orally
until they were taken down in manuscript and
preserved for us by a few faithful collectors of
folk legends and "old, unhappy, far-off things."
At a very early date in England the songs of
the people were printed in the shape of broad-
sheets, or long narrow strips of paper, of the
kind that were sold on the streets in Shake-
speare's time. And as early as the reign of
Charles II they seem to have attained a cer-
tain value as specimens of unique literature,
for we read of their being eagerly sought after
by Lord Dorset and the famous Samuel Pepys.

They also enjoyed great popularity throughout the large cities of Ireland only a few decades ago, and the irresistible charm of some of the Irish "come-all-ye" street songs and ballads will always attract the attention of students and collectors, musical or otherwise.

The spirituals, or hymns, or "ballets" of the Southern Negroes, are original productions which the authors go about singing from church to church, the congregations learning them by word of mouth. If they become popular, the authors have them printed on narrow strips of paper, and they are sold to the church members at five cents each. Many of them are simple melodies, with clear-cut, haunting refrains, frequently with cadences that have a lowered seventh, and very often with a closing cadence not in the same key in which the song started, but in a key closely related. It is not uncommon to find characteristics indicating true African origin,—reminiscent of the fearlessness and fatalism of savage ancestry, curiously mingled with a sort of triumphant resignation which seems to have come with superimposed Christianity. But the words are of later date and are unrestrained expressions of Christian emotion, revealing entertaining sidelights on the Negro faith and psychology. Many of them attain to almost gigantic proportions in number of stanzas, fifteen to twenty being considered a small number to tell a Bible story with every intimate detail, which is of the utmost importance to the Negro heart. His primitive mind is always preoccupied with thoughts of sin and death and the life to come, and his child-like intimacy with the Deity is often startling. The words of most of these spirituals do not rank very high as poetry goes, but the music to which they are wedded gives them a well-deserved place among the folk songs of the world. For spontaneity, sincerity and emotional depth, as well as melodic charm, they can take their place with any of the finest productions of primitive musical art.

The spirituals incorporated in the sketches herewith are given in simple form as I took them down from the singing of the Negroes. In arranging them for voice and piano I have tried to preserve the characteristic harmonies they employ in their congregational singing, which is usually unaccompanied. Some of them I secured from colored friends and servants from the musical East Green, some from the old plantations "up the coast," above the town of Gretna, and some from "across the river," in the peaceful colored neighborhood of New Orleans, at the upper end of Millaudon Street of the towering camphor trees and pink-flowering crepe-myrtles leading up to the gate of the True Vine Church not far from the Carrollton levee.

Many of them, I feel positive in asserting, are Louisiana productions, not found in any printed collection I am aware of. I have known the authors of several of them and made the piano transcriptions from their singing before the songs had been sung many times in the churches or heard at wakes or watch meetings.

"Look to de Eas'
    An' ovuh to de Wes',
An' go to de kingdom
    Wat yuh like de bes'
        But gimme Gritny, in de Eas' Green.
I ain wish fo' nothin'
    No mattuh wat yuh name,
'Cause good time a-walkin'
    Wid us hyeah des de same
        In Gritny, in de Eas' Green."

                        Old Song.

BUCOLIC OF BARATARIA ROAD

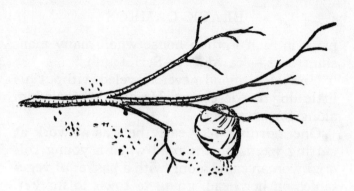

BUCOLIC OF BARATARIA ROAD

Uncle Richmond had been engaged to cut the weeds along the Barataria Road at a fee of $1.15 a day, a wonderful sum to Uncle Richmond, out of which he promised himself all sorts of comforts and extras at the end of the week.

He was allowed to do the work in his own time, so he always started out at daybreak and worked until the sun got too hot, then he went home and did odd jobs for the neighbors: "cuttin' grass fo' Miss Corey geeses," or "pushin' Miss Multah cows to de pastuh," or "toatin' home de w'ite folks clo'se fo' Bella Wollus."

Uncle Richmond was contented only when he was occupied.

" 'Cause evvybody know," he would say, "dat laz'ness an' triflin' ways don' nevuh puh-vide nobody pot wid vittuls, but ambishun ways an' heaht an' han' sho he'p to puhpaih a place in mah Fathuh house whah many man-shun bees,—'cawdin' to Scriptchuh."

Uncle Richmond never traveled without his little dog Predesessor. He said he took him along for company.

One morning very early he was at work at cutting weeds on the road when a young colored woman came along with a basket of vegetables on her head, going to town to market. The little dog was lying in the road with his head very much swollen, and the woman seeing it, stopped and called out:

"But no, Unc' Richmon', wat ail yo' dawg, all swolled up like 'e is?"

Uncle Richmond turned to answer her, and the woman seeing his head and face in the same condition, exclaimed:

"Lawd, Unc' Richmon'! Wat y'all bin doin', done gone make y'all-sef look ahtafishul like dis?"

"Des cause I wan' try an' ketch up wid mah ambishun, Miss Nootzie, Gawd done put 'is han' on me."

"O-o-o-o-o-o-o-o! Yuh know 'tis bad wen innybody ketch somh'n fum a dawg uh cat uh crittuh wat be 'flickded. Wat yuh think 'tis, Unc' Richmon', cow-each?"

"Tain' nothin' but dawg humbug, Miss Nootzie. Predesessuh de main one wat staht de whole confushun. Yuh see, I'm cuttin' dese weeds by cawntrac', an' dey 'lows me mah

own good time to do it in; so dis mawnin' I
say, lemme git up soon an' make some haid-
way on dem weeds 'fo de sun git too hot, den
I kin lay off an' come home an' fix Miss Multah
hen-house do'-hinge fo' 'uh, an' plant some
pahsley seed 'fo de moon git too full.

"Well, long 'fo crackin' o' day, me an' Pre-
desessuh was out hyeah on de road, an' soon's
I commence cuttin' on de weeds, hyeah go
Predesessuh runnin' up an' down an' backuds
an' fawids, bahkin' an' cahy'n on, an' grabbin'
at de weeds evvy time I pitched 'um to one
side. Yas 'e did, Miss Nootzie; Predesessuh
sho did had 'is frolic all up an' down dis big
road, buttin' at blackberry bushes an' snatchin'
an' draggin' mawnin'-glory vines an' thissuls
off de pile whah I done pitched 'um. An' I
kep' tellin' 'im,—Predesessuh, yuh sho cahy'n
on too reckless; 'tain' good to be so frisky so
soon in de mawnin'; yuh bettuh lay down an'
be still 'fo Gawd put 'is han' on yuh an' stop
yo' pro-gress. But Predesessuh ain' lissen at
a thing I tol' 'im, but des kep' on scufflin' munks
de weeds.

"I call 'im two, three times,—I say: Look!
yuh sho is a hahd-haid dawg,—but keep on.
. . . An' Predesessuh did kep' on, too. Wen
fus' thing I knowed, Predesessuh commence
hollin' an' screamin' des like a dump-caht had
rolled ove' 'im. I say: but w'a's dis hyeah?
An' I turn 'roun' to see w'a's de mattuh, an'

dah whah I view'd Predesessuh yondah des a-lopin' down de road, hollin' an' cryin' like I nev' is hyeah'd 'im cry befo'.

"I looked 'roun' munks de weeds whah 'e bin play'n, an' dah whah I seen 'twas a nes' full o' yalluh-jacket wasses Predesessuh done tampuh wid; an' Gawd knows, Miss Nootzie, bad es I felt fo' de po' dawg mizry, all I could do was th'ow down mah side-blade an' des laugh. Yes ma'am, I des natchally laugh tell I was fit to bus' . . . An' bim'by, hyeah come Predesessuh lopin' up de road, an' I had to look at 'im two, three times 'fo I reckonize 'im,—'is haid an' face done swole up dat crittacul. . . . Who? I des had to laugh, Miss Nootzie, cause Predesessuh sho did look!

"But wen I seed 'im lay down in de road befo' me an' look up in mah face wid 'is eyes all squinch-up like 'e peepin' at somh'n, 'e look so down-casted, I say: Lemme stop, 'cause laughin' is ketchin', an' 'tain' good to make game at yuthuh people in trouble, no-how. So I turn' 'roun' an' reach down fo' mah side-blade whah I had th'ow'd it, to commence cuttin' on mah weeds agin, wen bless Gawd! Miss Nootzie, 'fo I knowed it, I done picked up tawment!—Yas ma'am,—went fumblin' all munks de nes' o' yalluh-jacket wasses same es Predesessuh, stirrin' 'um up tell it look like I felt a thousan'-hunded of 'um buttin' 'gins' mah

face. . . . Who? . . . Did dey stung me?—
Lawd, Miss Nootzie, I thought Death done
struck me!

"But 'twan' long 'fo mah right pres'n o' min'
come back to me, an' den it look des like I
could hyeah somebody laughin'. So I open
mah eyes es bes' I could, an' Miss Nootzie,
wat yuh reckon I seen? . . . Mah own li'l
dawg Predesessuh, right dah befo' me in de
road, jumpin' up an' down an' des laughin'
like somebody done gone foolish. . . . I say:
Wat yuh mean? . . . An' I was fixin' to pitch
somh'n at 'im, wen I cunsidduh, so I say: da's
right, Predesessuh; yuh des laugh es much es
yuh please, 'cause now 'tis yo' turn, an' bof'
us done got even."

"But yuh ain' did nothin' fo' it, Unc' Rich-
mon'? Y'awtuh put somh'n on it 'fo it gi'e
yuh de fevuh," Nootzie advised him.

"I is done somh'n," he answered. "I done
wat I seen one ole lady did one time. I hunt
'roun' an' got me nine kin' dese hyeah diffunt
grass an' chawed 'um up an' made me a plastuh
an' smeah'd 'tall ove' me an' Predesessuh haid
an' face; but it mus' be done dry now, 'cause I
ain' feel nothin'."

"Y'awtuh put some lime-watuh on it. Da's
a fine thing fo' swellin' an' mizry like yuh got,
Unc' Richmon'."

"Ooman, whah I'm gwine git lime-watuh

way out hyeah dis futhuh fum de potakerry shop?"

"Lawd, Unc' Richmon', dey got plenny right ove' yondah in Mistuh Coopuhzannah yahd whah dey bin w'ite-washin' de hog-pen. Dey got a whole tub full. Lemme go wid yuh an' 'n'int yo' face wid de lime-watuh fo' yuh."

"Devil mus' bin sont yuh hyeah to plague me, Miss Nootzie. Come hyeah tellin' me 'bout lime-watuh! . . . I ain' gwine fool wid no w'ite-wash, wen I come nigh losin' mah life 'bout w'ite-wash once befo'. Yas I did.

" 'Twas one time wen I was gittin' out clo's-poles in de swamp, an' mah face got all swol'd up fum pizen-iv'ry. So I went ove' to de moss camp to git somh'n to rub wid, an' dah wan' nobody 'roun'. An' dah whah I seen a ba'hl o' w'ite-wash 'long-side de house, so I des sash-arate mah face all up an' down wid de lime-watuh. . . . Well, de thing mus' bin got dry an' turn mah face ashy an' made me look dif-fun', 'cause yuh know w'ite on top o' black skin too much of a culluh.

"So wen I staht at mah clo's-poles, dah whah Predesessuh seen me, an' commence bahkin' at me like 'e ain' know who I is. An' 'e bahk so loud 'e mus' bin woke de ole man wat stay'n in de house,—an' yondah 'e come an' th'ow'd open de winduh,—an' bless Gawd! ef 'e ain' p'int a gun at me an' shoot. . . . Yas ma'am, wat I'm tellin' yuh is true, yas. . . .

An' wat 'e had de gun loaded wid, but dry peas an' fat meat an' salt,—an' yuh know, Miss Nootzie, da's a thing wat sho knock yuh speechless it sting so tuh'ble. . . . Yas ma'am, de ole man stay'n in de house mus' bin thought I was w'ite-folks comed up in 'is yahd stealin', count o' mah face done turn so w'ite fum de lime-watuh.

"Yas ma'am; dat fat meat an' peas an' salt stung me so bad tell mah ole lady had to set up all night wid me, pattin' mah face wid sweet cream. . . . An' now yuh wan' me go meddlin' wid lime-watuh agin? Yuh mus' be a fool. . . . An' I don' feel like mult'plyin' words wid yuh no longuh, no-how; so put yo' veg'tebble basket on yo' haid an' g'on 'bout yo' bizness, an' lemme try to ketch up wid mah ambishun so's I kin go home."

Nootzie looked dazed. Then after a moment's reflection, she said:

"But no! Yuh talkin' to me, Unc' Rich-mon'?—Gawd knows, ef yuh did'n be a ole man like yuh is, I sho would take one dese bunches o' beets out mah basket an' maul yuh 'bout de haid wid 'um,—stannin' hyeah callin' me out mah name aft' I done los' all mah time try'n to sympathi' wid yuh an' off' yuh a li'l cawn-solashun fo' yo' ugly ole 'flickded scawnful face! . . . Gawd knows, da's de only thing puhteck' yuh,—dat yuh's a ole man, cause I

sho would like to tell yuh, devil take yuh an'
yo' ambishun an' yo' cundishun, too!"

And with that, Miss Nootzie walked off with
her basket of vegetables leaving Uncle Rich-
mond and Predesessor standing together in
the road staring at her silently.

NOBLE'S VISION

NOBLE'S VISION

It was the Sunday night before baptizing at the Little Rock Baptist Church. The elder was in the pulpit exhorting the white-turbaned "cannadates fo' de pool" to come up and tell what their "tahmanashun" was when they were "seekin' 'lijun."

He began his rhythmic chant in a deep-toned baritone:

"Yas, mah sistuhs an' mah brethuhs,
I want yuhs all come up,
One aft' anuthuh.
Stan' up an' speak yo' sobuh min',
Ain' put nothin' to it
An' take nothin' fum it,
But stan' up an 'tell it
Des like it is."

A young colored man named Noble was the first to start. He came up the aisle singing:

> "I'm on mah way to heaven
>   An' I don' wan' stop;
> I don' wan' be
>   No stumbelin' block,
> An' I come all de way to tell yuh,
> Ain' da's good news?
> Ain' da's good news?
> Ain' da's good news?

> "Yas, mah sistuhs an' mah brethuhs,
> 'Tis good news I got to tell yuh dis evenin'.

"Wen I turn mah back on de lan 'o' tribulashun,
An' face mah face to de lan' o 'de risin' sun,
Mah Lawd spoke peace unto mah weary soul,
An' mah heaht was ovuh-shadduh
By de shadduh de Holy Ghos'.
An 'de Lawd say:

> "Yuh go,
> An' I'll go wid yuh:
> Open yo' mouf an' I'll speak fo' yuh.
> Ef yuh go an' tell 'um wat I say,
> Well, dey all gwine b'leeve in me.

> "An' I staht on mah travuls
> Thoo de weary lan'.
> An' in mah travuls I seen a hawse;
> An' it look like a hawse,
> But it wasn' a hawse.

It had a body like a hawse,
But it wasn' a hawse.
It had a haid like a hawse,
But it wasn' a hawse.
It had a tail like a hawse,
But it wasn' a hawse.
It had eyes like a hawse,
But it wasn' a hawse.
It had foots like a hawse,
But it wasn' a hawse."

Way over in the corner, old Aunt Dicey stood up and said to him:

"Noble, ain' yuh feah'd Gawd gwine smack yuh speechless, wid a lie like dat in yo' mouf?"

But Noble kept right on:

"It had a buzzum like a hawse,
But it wasn' a hawse.
It had a nostul like a hawse,
But it wasn' a hawse.
It had yeahs like a hawse,
But it wasn' a hawse.
It had teeth like a hawse,
But it wasn' a hawse.
It had eye-braws like a hawse,
But it wasn' a hawse. . . ."

Old Aunt Dicey could stand it no longer. She stood up and called out to him:

"Noble, den it mus' bin a mule."

AIN' DA'S GOOD NEWS?

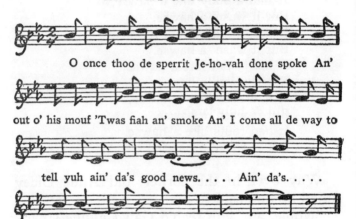

O once thoo de sperrit Je-ho-vah done spoke An'

out o' his mouf 'Twas fiah an' smoke An' I come all de way to

tell yuh ain' da's good news. . . . . Ain' da's. . . . .

good news. . . . . Ain' da's good news. . . . .

AIN' DA'S GOOD NEWS?

I'm on mah way to heav'n
   An' I don' wan' stop,
I don' wan' be
   No stumbelin' block,
      An' I come all de way to tell yuh
      Ain' da's good news?
      Ain' da's good news?
      Ain' da's good news?

All yuh felluh-sinnuhs
   Moanin' hyeah wid me,
Tell yuh how mah Fathuh
   Showed de light to me,
      An' I come all de way to tell yuh

Ain' da's good news?
Ain' da's good news?
Ain' da's good news?

Isaac an' a-Jacob
  An' Abraham,
Settin' on de altuh
  Wid de holy lamb,
    An' I come all de way to tell yuh
    Ain' da's good news?
    Ain' da's good news?
    Ain' da's good news?

Ain' bin to heaven
  But I do know
Mah Jesus goin'
  A-wash me w'ituh'n snow,
    An' I come all de way to tell yuh
    Ain' da's good news?
    Ain' da's good news?
    Ain' da's good news?

THE EAST GREEN ALLIGATOR
CHARMER

THE EAST GREEN ALLIGATOR
CHARMER

On a rainy day the ferry house was the gathering place of all the idle "ease-men" of the East Green. At such gatherings most interesting discussions took place, chiefly dissertations on the merits of different wines and liquors with lengthy stories of personal experiences with favorite drinks.

A young colored man called Cunjuh, one deeply learned in the potency of every variety of cheap wine, had the floor and began his story:

"Y'all kin think like yuh like 'bout yo' teezan an' yo' good cittazun drinks, but I'm gwine tell y'all 'bout a stimmalashun wat outpah'lize all yo' muscat, limmon-gin, sweet-lucy, an' all yo' a'kahol lickuhs po'h'd togethuh. Yas, I'm gwine tell y'all somh'n 'bout a fatal policeman wine wat lap yo' laigs an' make yuh cuss yo' mammy; an' da's dat sweet Dago wine wat Mistuh Bill Paul use to sell, call an-juh-lickuh. Who? Yassen deed, da's a wine make yuh talk yo' words backuds an' fawids, an' ef yuh drink too much, it gwine fix yuh tell yuh git like uncawnsh'bul cattle. Yas it will.

"Yuh know dat high-yalluh ooman dey calls Cristeena, wat bin had two husban's? Well, de fus' time I evuh tas'e an-juh-lickuh was to huh house. 'Twas one Saddy night wen Cristeena was givin' a feesh-fry. She was wan' raise money enough to finish pay'n on de set o' funnichuh she bought on time fum dat man got de sto' in Aljays, cause de husban' wat she livin' wid now, say da's Cristeena own private bus'niss an' 'e ain' had a thing to do wid it; cause yuh see, 'twas like dis: Cristeena fus' husban', a man dey call Tibbedoe, was des natchally wat yuh call a fine man, an' sho did treat Cristeena good befo' 'e died. So aft' Cristeena marry agin she feel like she wan' do somh'n so's to show 'uh preshallity 'munks 'uh sosayshun membuhs fo' all Tibbedoe bin did fo' 'uh. So she say de bes' way to show de good feelin' she got in 'uh heaht, be to fix de grave whah Tibbedoe buried an' make it look like Tibbedoe wan' no trashy kin' o' people an' lef' a fam'ly behin' 'im wat los' track 'is me a-bunce.

"So wat Cristeena done, she tuck de mahble slav off de be-row wat comed wid de set o' funnichuh she got fum de man in Aljays, an' laid it top o' Tibbedoe grave like dey got de mahble slavs yondah in de w'ite folks cimmeterry. An' it sho was putty red mahble, too, an' all scollup out like shelf papuh 'long one side.

"Well, Cristeena was wan' complete de grave an' was mean to take de mahble slav off de wash-stan' fo' a haid-stone, but she ain' done pay'n fo' de set, an' 'uh secon' husban' say 'e ain' had nothin' to do wid it, so da's hoccum Cristeena give de feesh-fry, to raise money 'nough to pay fo' de red mahble stone off de wash-stan' to put on Tibbedoe grave.

"Well, like I tell yuh, I was dah at Cristeena house dat night, an' me an' a crowd o' wimmins an' mens was singin' an' havin' a good time, wen hyeah come Cristeena wid a jimmyjohn o' an-juh-lickuh wine. She say: 'Des he'p y'all seff, membuhs, an' drink to de membunce o' Tibbedoe, mah fus' husban' wat nothin' ain' gwine make me fo'git.'

"An' mansuh, maybe us-all didn' he'p us-sef. Yas, Lawd, not one dem nigguhs tetched dat jimmyjohn light, but dey all lapped dat an-juh-lickuh like dey was wan' drink Jurden dry. An' me,—who? I played wid dat an-juh-lickuh tell I commence to feel like Tibbedoe was mah own bereav' mothuh wat done passed 'way.

"Well, like I tell yuh, us-all stayed to Cristeena house tell de jimmyjohn was empty an' all de feesh was cleaned up 'cep' de bones; an' it mus' bin close on to six o'clock in de mawnin' wen I reach home. I went nex' do' to Freddy Fuzzan house, an' Freddy wife gimme some black coffee, an' dah whah Freddy comed in

wid a fine 'live alligatuh wat 'e caught in de
swamp, an' 'e say to me, 'Cunjuh, I gi'e yuh de
alligatuh meat ef yuh kill 'im an' skin 'im; den
bring de hide up yondah to Mistuh Jill Samyul
an' sell it fo' a dollah-an'-fo'-bits, an' yuh keep
half de money.'

"I say, thang Gawd fo' dis luck, big Sunday
soon in de mawnin'. So I tuck de alligatuh,
but I ain' tol' Freddy wat I was gwine do,
'cause I done seen whah I could make mo'
money'n six-bits, des out de hide alone. So I
tuck de alligatuh an' staht up de street fo' Mis-
tuh Cholly Groos bah-room, an' dah whah I
foun' a whole crowd o' nigguhs an' couple o'
w'ite mens. Dey all looked wen dey seen me
wid de alligatuh und' mah ahm, an' ole Unc'
Feelo Hatt'n say, 'But w'as dis hyeah Cunjuh
bringin' up in hyeah?'

"I helt de alligatuh up in de aih, an' I say:
Hyeah me, w'ite folks an' cullud cit'zuns,
hyeah me, Johnny Win', bettuh knowin' by 'is
play-name in-ti-tlus Mistuh Cunjuh,—alliga-
tuh chahmuh, brethuh de seven sons an' rizza-
dent o' Gritney in de Eas' Green. Hyeah me,
people, all de way out de cypus swamp, wid a
natchal Loozanna boheenus beas' und' mah
ahm,—an' chahgin' only a dime a piece to see
de black man put 'is naked han' right in de alli-
gatuh mouf!

"Den I tuck off mah hat an' went roun' an'
tuck up a collection, an' wen I done made mah

roun's an' was countin' out mah money on top
a ba'hl in de cawnduh, who comed in but Mis-
tuh Jake. All I had picked up was fawty cents,
so I put 't in mah pocket, an' I say: Hyeah me,
Mistuh Jake, hyeah me, Johnny Win', bettuh
knowin' by 'is play-name in-ti-tlus Mistuh
Cunjuh, alligatuh chahmuh,—brethuh de seven
sons raised up in de Eas' Green,—come all de
way out de cypus swamp wid a live Loozanna
boheenus beas', an' axin' only a dime an' a
glass o' stimmalashun to see de black man put
'is naked han' clean down de alligatuh th'oat!
Come on, Mistuh Jake, I know yuh sho gwine
he'p a po' boy to make a hones' livin'.

"So dah whah I went 'roun' wid de hat agin
an' picked up fawty cents mo'. Den Mistuh
Jake gi'n me a glass o' an-juh-lickuh, an' den
'e say:

" 'Come on now, an' lemme see wat yuh
gwine do.'

"Well suh, I laid de alligatuh on de bah-room
countuh an' evvybody comed up to see Mistuh
Cunjuh put 'is naked han' down de alligatuh
th'oat. I pulled de string off de beas' mouf
whah I had tied it to keep 'im fum bitin' me,
an' bless Gawd! 'fo I could reelize wat struck
me, de alligatuh up an' snapped at me an'
caught hol' mah han' straight 'cross mah
finguhs.

"Soon's I could git back mah right pres'n
o' min', I holluh: Cut mah han' off, people,

but don' kill de alligatuh, cause de thing b'lonks to Freddy Fuzzan—O lawdy, lawdy mussy!

"But 'stid o' lis'nin' at wat I'm tellin' 'um, hyeah come one foolish ole nigguh wid Mistuh Cholly Groos meat ax, an' cut de alligatuh haid clean off 'is body. An' 'e ain' had time to finish good, wen who come walkin' up in de do' but Freddy Fuzzan 'issef. Well, wen Freddy seen 'is alligatuh hide done ruint, 'e say to me:

" 'Da's wat I tol' yuh do wid de thing, ole drunken nigguh?'

"I say: Look, Freddy, don' call me out mah name, cause me an' yuh bin raise' togethuh, an' inny-way, mah feelin's is hurted a'ready. An' aft' I see de alligatuh done bit mah han' I knowed 'e wan' gwine let loose, so I tol' 'um don' kill de thing, but cut mah han' off cause 'twus b'lonks to yuh. An' ef yuh don' wan' b'leeve wat I say, ax Mistuh Jake, cause Mistuh Jake mah frien', an' I know 'e ain' gwine go 'gins' a po' man wen 'e done got in a tight.

"But people, yuh ain' nevuh knowin' wat a w'ite man gwine do to a po' nigguh aft' a chahge be made 'gins' 'im yondah in de Deestric' Coat-house. Cause Mistuh Jake, wat I bin thought was mah buzzum frien', aft' 'e done lissen at all Freddy Fuzzan say 'bout tellin' me skin de alligatuh an' sell de hide fo' half an' half,—'e turn' 'roun' an' 'res' me in col' blood fo' 'stroy'n somh'n wat ain' b'lonks to me, an fo' gittin money by foul means, aft' *'e hi'sef* done put a dime in de hat, an' gimme a glass o' an-juh-lickuh beside, an' tol' me go-haid an' leave 'im see wat I was gwine do wid de alligatuh!

"Yas, Lawd; Mistuh Jake des natchally tied up mah pro-gress an' made me loss de eighty cents wat I was collec'; made me loss de chance o' sellin' de alligatuh hide an' makin' six-bits mo'; made me loss de idee o' puttin' enny mo' pennunce in w'ite folks aft' dey done got up in de Coat-house; an made me loss all mah appatite fo' Mistuh Bill Paul an-juh-lickuh wine wat bin de main cause all dis buketayshun to mah reckless body."

REVEREND POLYCARP

REFLEXOLOGY

REVEREND POLYCARP

As a very young man Polycarp showed a marked predilection for the church, so it was not surprising in after years to receive from him an invitation to hear him preach in his own pulpit.

The message was brought by Gisteen, his wife, and her enthusiasm, if nothing more, would have been sufficient to induce me to attend the ceremony, which, as Gisteen said, was to be "de crisnin' o' de cahpets an' de unveilin' o' de lights."

Gisteen's understanding of her worthy husband's musical and oratorical powers was amazing, and she was ever ready to sing his praise whenever opportunity permitted.

"Gawd knows, Mistuh Ahnes', yuh ain' fittin' to do a thing but des set down an' fix yo'sef to stay a long time wen Polycahp commence 'lucidatin' Scripchuh an' Bible an' things, an' tellin' 'bout Eve wat dey put out de g'yahden o' Gasseem 'count 'uh reckless ways, cahyin' on wid Adam 'dout inny clo'se on; an' all 'bout feeshman Petuh wat caught de feesh an' cut de feesh open, an' foun' de good-luck money in de feesh gills an' things; an' all 'bout Jujus Oscah wat sopped in de bowl wid de Lawd an' betrayed 'im at de welcome-table. Yas, Mistuh Ahnes', Polycahp sho brought preachin' to dis country. An' wen 'e git de lead on dem ole time gospel himes an' shoutin' praise an' long-meetuh ballits, ef 'e can' outbase a brass-ban', well, I ain' hyeah to tell yuh. Dey got one shoutin' praise hime call' Git On Boahd De Ship O' Zion, an' Gawd knows, Mistuh Ahnes', yuh ain' hyeah'd nothin' till yuh hyeah how Polycahp kin tone 'is voice to dat sperrichal."

The "crisnin' o' de cahpets an' de unveilin' o' de lights" at the True Vine Baptist Church took place on Easter Sunday night. My arrival was late and the service was quite under way. After a seat of honor had been placed for me up on the altar among the elders and the deacons, Polycarp went on with his sermon which was telling of the Resurrection:

"Yas, mah sistuhs an' mah brethuhs, 'E rose; yas, 'E rose, an' wat I wan' tell yuh, 'E ain' rose like no ord'nerry man. No, 'E ain' rose like no ord'nerry man,—'E ain' th'ow'd 'is hat in one direction, an' th'ow'd 'is coat anuthuh direction,—'cose 'e ain' bin had no hat an' no coat to th'ow way, but ef 'E had bin had inny hat an' coat a-tall 'E would'n bin th'ow'd 'um away. But I wan' tell yuh, 'E rose! Yas, mah sistuhs an' brethuhs, 'E rose; an' 'E rose like a gent'man an' systematick!"

MAKING AN IMPRESSION

MAKING AN IMPRESSION

A young colored woman who was carrying home a basket of laundry one morning had some difficulty on the road, and this is the way she told her story:

"People, I wan' tell y'all 'bout mah acciden'. Lawd, I sho was shuck up.

"Yuh know, I was cahy'n home a basket o' close fo' dem w'ite folks I washes fo' w'at livin' down yondah by de grave-yahd. Well, I was goin' 'long peaceful wid de basket o' close on mah haid, an' w'en I come to de grave-yahd cawnduh, one big ole rusty nigguh was lay'n right 'cross de road whah I had to go by.

"I look at 'im, an' I say: Yuh couldn' move ovuh, please suh, an' lemme go by wid dis basket o' close on mah haid?

"'E dis look up in mah face, an' 'e say, 'De big road ain' big 'nuf fo' yuh?'

"I look at 'im, an' I say: Look, Mistuh, yuh lay'n wid yo' body right 'cross de road whah

I gotta go by wid dis basket o' close on mah haid. Please suh move ovuh an' lemme go by.

"But 'e des look up in mah face an' say: 'De big road big 'nuf fo' de mules an' de c'yahts to go by, an' yuh wan' me move so yuh kin pass? I ain' gwine shiff one laig fum whah I'm lay'n.'

"I say, look Mistuh, quit yo' play'n. Don't yuh see yuh lay'n right whah I gotta put mah two feets to go by wid dis basket o' close on mah haid?—An' yuh know, 'e ain' nevuh move?

"All 'e done, 'e des look up in mah face an' say: 'Is yuh a plum' fool, ooman, wan' me move ovuh so yuh kin pass? I done tol' yuh I ain't gwine move.'

"I say: Look, ole rusty nigguh, yuh bettuh push ovuh an' lemme go by wid dis basket o' close on mah haid 'fo' I stomps bofe mah feets in de middle yo' buzzum an' squeezes yuh speechless!

"An' yuh know, 'e ain' nevuh move? No. All 'e done, 'e des look up in mah face an' say: 'Yuh ain' sattafy come hyeah wan' me move so yuh kin pass, now yuh gotta staht yo' biggedy talk 'bout w'at yuh gwine do,—wid yo' fawid dah shinin' like a red onion.'

"I say: Look! Yuh ain' gwine move? Well, yuh know Gawd don' like ugly. An' wid yo' scattuh-tooth mouf lookin' like a harrow a'ready, I know Gawd ain' gwine wan' bothuh wid yuh w'en I git thoo wid yuh,—so yuh bet-

tuh push ovuh an' lemme go by wid dis basket
o' close on mah haid.

"An' Gawd knows, people; 'fo' I had time to
snatch mah breath, dat nigguh had jumped up
an' slammed me so hahd up-side one dem tomb-
stones, tell I got sacud-to-de-mem'ry somh'n
nuthuh on mah back tell yet."

AUNT SOPHIE'S WAKE

AUNT SOPHIE'S WAKE

Cunjuh had been arrested for disturbing the peace, and when reviewing the matter a few days later, this is the way he told his story:

"Now, people, yuh know it's hahd we'n a man be 'rested des fo' singin' de Lawd praise? 'Rested an' drugged up in jail fo' ondecen' behayviuh, an' ain' done a thing but sung de Lawd praise at ole Aun' Sophie wake.

"Yuh know, Aun' Sophie was daid, an' dem boys come to me an' dey say: 'Cunjuh, we wan' give Aun' Sophie a good sen' ovuh, an' we wan' give evvybody a good time, an' we want yuh come he'p us wid de singin'.'

"I say, yas, I'll go wid yuh, 'cause I'm a man w'at b'leeves in rejoicin' at de out-goin' de same way yuh does at de in-comin'; 'cause man ain' nuthin' but a fatul sperrit des fo' few days an' full o' trouble; an' de Bibul say fum dus' to dus' yuh come an' fum dus' to dus' yuh go back agin. So ef yuh say yuh gwine have a good time an' spread joy an' have lickuhs, I'll go wid yuh.

"Well, yuh know Aun' Sophie was a sinnuh-ooman, so dey didn't tuck 'uh to de church but dey helt de wake at 'uh own house; an' people, 'twas de same as a fest'vul. Yas Lawd; dey had all kin' o' nigguhs settin' up in dah singin' an' cah'y'n-on an' drinkin' lickuhs tell I commence to think hit mus' bin Mahdi Grah day.

"An' I tell yuh, I done some singin' ove' Aun' Sophie dat night. Yas I did. I des natchally sunged ove' Aun' Sophie tell I got de soah th'oat, den I say I ain' gwine sing no mo'. So dah whah one ole lady han' me a cup o' pote wine, an' aft' I drunk it I got on top de sewin' machine in de cawnduh an' I went to sleep.

"But dem wil' nigguhs wouldn' lemme res'. Dey kep' on plaigin' me,—'Come on, Conjuh, git up hyeah an' make music in de buildin' an' raise de hime an' give de Lawd praise an' give Aun' Sophie a good sen' ovuh.'

"But I smelt 'um drippin' coffee in de kitchen, an' I say: not anuthuh frazzlin' piece o' music till yuh poah oil in de hawn. How yuh 'spec' de hawn to blow w'en yuh ain poah'd oil in it fo' so long?

"Dah whah one ole lady settin' cross de room gi'n me a bottle half-full o' sonny-kick-mammy wine, an' aft' I done wet de hawn all up an' down to mah sattafacshun, I braced mahse'f

up-side de wall on top de sewin' machine whah
I was settin', an' I commence to sing:

TWO WINGS TO VEIL MY FACE

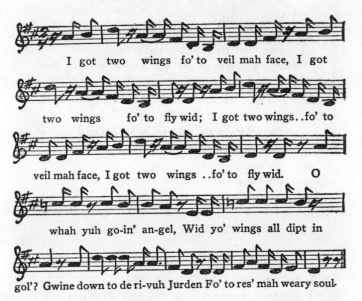

I got two wings fo' to veil mah face, I got
two wings fo' to fly wid; I got two wings..fo' to
veil mah face, I got two wings ..fo' to fly wid. O
whah yuh go-in' an-gel, Wid yo' wings all dipt in
gol'? Gwine down to de ri-vuh Jurden Fo' to res' mah weary soul.

"'Lawd I got two wings fo' to veil mah face,
I got two wings fo' to fly wid.
I got two wings fo' to veil mah face,
I got two wings fo' to fly wid.

'O whah yuh goin' Angel,
Wid yo' wings all dipped in gol'?
Gwine down to de rivuh Jurden
Fo' to res' mah weary soul.

'Lawd I got two wings fo' to veil mah face,
I got two wings fo' to fly wid.
I got two wings fo' to veil mah face,
I got two wings fo' to fly wid.

'O hurry Angel, hurry,
    Lawd I want yuh fo' to hurry on down;
I want yuh to trouble de watuh
    Wid yo' wings an' yo' snow w'ite gown.

'Lawd I got two wings fo' to veil mah face,
I got two wings fo' to fly wid.
I got two wings fo' to veil mah face,
I got two wings fo' to fly wid.

'O de sun rose early in de mawnin',
    Went down in de westun hill;
Yuh kin carry mah name whah so evuh yuh will,
    Yuh gotta swallow death bittuh pill.

'Lawd I got two wings fo' to veil mah face,
I got two wings fo' to fly wid.
I got two wings fo' to veil mah face,
I got two wings fo' to fly wid.

'O I heard a mighty rumblin'
    Like de fallin' of de Egyp' race;
O mah Lawd got angry in de heaven
    An' de saints turned ovuh in dey place.

"Well, people, by de time I got to dat paht
de hime, dem nigguhs was doin' de eagle-rock,
de buzzud-lope, de pas-ma-la, de billy-ma-slip,

de bus' de biskit, de step-on-de-puppy-tail, an'
des dancin' dey fool sef' fo' who las' de longes';
w'en bless Gawd! de front do' flew'd open, an'
a policeman grabbed holt mah ahm, an' 'e say,
'Line up evvybody!'

"But nobody ain' lined up but me.

"No. 'Twas a shame 'fo' Gawd de way dem
nigguhs broke out an' lef' me dah wid nobody
to take mah paht but Aun' Sophie an' de police-
man.

"An' all dat comed fum me settin' on top dat
sewin' machine like a ignun' nigguh, mixin'
up pote wine wid de Scripchuh."

ELVANNAH'S LEAVE-TAKING

ELVANNAH'S LEAVE-TAKING

Two young colored women meeting on the road to market one morning, entered into the following dramatic narrative:

"W'as de mattuh, Elvannah, yuh ain' workin' in dat w'ite ooman kitchen no mo'?"

"Who, me? No'n deed, chile; I done lef' dat w'ite ooman kitchen too long. No'n deed; I done lef' 'uh fo' good. I'm stay'n home takin' k'yeah mah good cittazun se'f an' mah husban' an' baby chile. No'n deed; I an' huh couldn' git long, an' Gawd knows I tried hahd 'nough to please 'uh. I knowed fum de fus' beginnin' I an' huh wasn' gwine pull togethuh 'dout stumblin', wen she say she didn' wan' me go home at night to see mah husban' an' baby chile,—wan' compel me to sleep on de crevasus.

"No'n deed, dat ooman was too much. Dat ooman was a cross. Wat I mean by dat, a i-yun cross fo' me to tote. Yassen deed, dat ooman was a buke-tayshun to mah very soul— Chile, I bin had plusey pains in de side; I bin had mizry 'cross de back; I bin 'flickded wid rummatism in de hip; I bin had to pick moss in de swamp in mud an' watuh up to mah knees,—but chile, dat ooman was de wus' cross I evuh had to tote. Who? Yassen deed.

"Chile, yuh know yo' grammah was a mean ole ooman? But lemme tell yuh, yo' grammah ain' nothin' 'long-side dat ole Judus Oscah. No'n deed,—she ain' no people. She ain' bin birthded. She ain' nothin' but a she-line bawn in a ink-abaytuh.

"But I stayed wid' 'uh long's I could, but I lef' 'uh one day wen she try to make a natchal pop-a-show out me 'fo a whole pack o' w'ite folks at de dinnuh table.

"Chile, yuh know dey had soup fo' dinnuh; an' she had one ole silvuh lookin' bowl, an' she say she wan' de soup in de bowl in de middle de table 'fo dey all set down.

"Well, chile, I hunt an' hunt fo' de bowl, an' I couldn' fin' it no whah; an' I commence gittin' oneasy, cause I feah'd she comin' in de kitchen to see wa's de mattuh, an' raise a upsetmen' 'fo all dem people,—an' yuh know I don' like no loud cahyn' on. So wat I done,—I goes to de dinin' room do' to wait tell she turn 'roun' so's I could tell 'uh wat I wan'. An' Lawd, chile, she turn' 'roun' like real respectable people, an' she say to me sof' as silk: 'Wat yo' disposition, Elvannah?'

"I des look at 'uh, 'cause I could read 'uh min' de same's a di'log.

"I des look at 'uh, an' I say: No Ma'am, dat ain' wat I come to ax yuh fo'. I come to ax yuh wat yuh done wid de soup sa-winge?"

SELLICO'S STORY

SELLICO'S STORY

The time is evening after the work of the day is over. The place is Sellico's kitchen, way over in the quiet East Green. The young hero is sitting before the open fireplace, dripping coffee and telling his story to his old friend Drozain, who walked down "all de way fum yondah pass' Milladawn plantation to see how Sellico gittin' 'long."

"Well, Bruh Drozain," said Sellico, "I'm gittin' 'long putty fa'h mahsef, but I can' give yuh much sattafacshun 'bout mah ole lady, 'cause a li'l upsetmen' comed up twix me an' de ole lady, an' Chinkey bin gone fum hyeah one day an' one whole night. Yas suh, picked 'uhsef up an' walked out de primisis, an' whah she gone I don' know; an' wat she gone fo', Gawd knows.

"But she comin' back, Bruh Drozain, da's w'y I ain' frettin' an' worrin' 'bout it, 'cause I know she b'leeged to come back hyeah. 'Cause

57

wat she done wen she lef' hyeah,—gone off in
a hurry an' lef' 'uh whole fadle set o' false
teeth settin' in a cup o' watuh on de pot shelf
in de kitchen, an' I know I got one thing gwine
make 'uh come back hyeah,—lessen she make
up 'uh min' to stay way fum hyeah an' live on
spoon-vittuls an' natchal mush like a toothless
infan' baby-chile. Co'se she comin' back. Da's
w'y I tell yuh I ain' worrin' 'bout it.

"Hoccum she lef' hyeah, was like dis:

" 'Twas one Saddy night to meetin' to us
church, an' who comed walkin' up in de buildin'
but Elvannah Stew'd, one fine lookin' light-
skin ooman I ain' bin seen fo' Gawd knows how
long. Well, wen Elvannah comed up to me,
an' thowed 'uh ahms up on mah shoulduhs like
she so proud to see me, des natchally like mens
will do, I thowed mah ahms 'roun' Elvannah
an' gi'n 'uh a li'l squeeze des fo' ole time sake.

"Well, Bruh Drozain, dey mus' bin had some
eve-drappin', jealous-heahted nigguhs peepin'.
'Cause fus thing I knowed, dey had brung me
up 'fo de church fo' trial. Yas, Bruh Drozain,
—brunged me up 'fo de church fo' trial, an'
'spose me 'fo de cong-gashun, an' dey had three
sepput elduhs dah, preachin' 'bout Sol'mon an'
Gomiah, an' 'bout Loddie wat got changed into
salt fo' lookin' backuds, an' all 'bout do-right
wimmins an' do-right mens.

"Well, wen de elduhs got thoo preachin' de
texes, dey say to me: 'Bruh Sellico, now wat

yuh got to say in excusemen' of yo' evil be-
haviuh 'fo de tabbanickle o' de Fathuh?'

"I riz up in mah seat, an' I say: Good
evenin' church; likewise elduhs. I say, mem-
buhs, de elduhs done called on de Bible to he'p
'um specify an' make dey p'int, an' dey done
showed me evvything, 'cep' whah-fo' an' whah-
in. But I'm gwine leave all dat to de 'thawidy
o' dem wat gwine cas' de fus' stone; an' I ain'
gwine leave mahsef ramble, 'cause wen yuh
rambles yuh don' puhseeve. So wat I'm gwine
say, I'm gwine say quick an' I'm gwine say
brief.

"I say: Membuhs, yuh see dat pickchuh
hangin' yondah 'ginse de wall?

"Dey say, yas.

"I say: Umph-humph, yuh see.

"I say: Membuhs, das a pickchuh de Good
Sheppud, ain' it?

"Dey say, yas.

"I say: Umph-humph, yuh see dat too.

"I say: Membuhs, ain' de Bible say de Good
Sheppud all time gwine look aft' 'is flock?

"Dey say, yas.

"I say: Umph-humph, yuh see dat fo' yuh-
sef, too.

"I say: Well, membuhs, ain' yuh all time
took notice dat de Good Sheppud hol'in' a lamb
in 'is ahms?

"De elduhs say: 'Da's right, Bruh Sellico,

da's right des like yuh puhseeve an' nobody ain' gwine 'spute yo' word; but, Bruh Sellico, nex' time yuh wan' hol' a lamb in yo' ahms, yuh look roun' hyeah an' see'f yuh can't pick yuh one dese hyeah ram lambs.' "

GINNEEVAH'S FLIGHT

GINNEEVAH'S FLIGHT

One morning about two o'clock, old Aunt
Fanny was roused out of a sound sleep by some
one pounding on her front door, calling out:
"Fo' Gawd sake, Sis' Fanny, git up fum hyeah
an' come open yo' do' an' lemme in! I thought
people was go to baid to sleep, but yuh mus' be
go to baid to die. Git out yo' baid an' open dis
do' an' lemme in!"

Aunt Fanny recognized the voice of Ginnee-
vah and got up and opened the door, and as her
early visitor came in, she said to her:

"But no, Ginneevah, w'at yuh mean comin'
way fum yo' house an' rousin' people out dey
slumbuhs' 'fo' day in de mawnin'? W'a's de
mattuh, yuh done lef' yo' husban'?"

"Lef' 'im temparary, Sis' Fanny,—an' w'at
I mean, yuh ain' gwine see me go back yondah
tell it git good big daytime, neithuh. Who?
No'n deed, not me."

"Hoccum so, Ginneevah, Ligie ain' struck
yuh, is 'e?"

"No, Sis' Fanny, Ligie ain' struck me, eithuh
cuss me; but Ligie gone an' brung confushun

up in mah house, an' I say, lemme git fum hyeah an' go some whah to a place whah I kin lay down wid a easy min' an' a peaceful cawnshunce, 'cause mah house ain' no fittin' place fo' me to res' dis night,—no Lawd."

"But w'a's de mattuh wid yuh, Ginneevah?"

"Well, yuh know, Sis' Fanny, dey had one w'ite man come an' tol' Ligie dis mawnin' dat 'e was wan' git a skellafun skull an' a paih shin-bones fo' de Knights o' Peefus meetin' room, to set on de rostum fo' to take down de minnits w'en de seckaterry call de roll. Well, 'e gi'n Ligie two dolluhs, an' Ligie tol' de man 'e was gwine fetch 'im de bones tomorruh mawnin'. Well, yuh know, Ligie had to go at de bones aft' 'twas dahk, 'cause 'e ain' wan' nobody see 'im yondah in de graveyahd by 'imself plund'in' 'munks dem ole tombs in big daytime.

"So soon's it got dahk, Ligie done like 'e say,—'e went got de skellafun skull an' paih shin-bones, an' 'e brung 'um home in a sack an' put 'um und' de kitchen table, an' we ain' thought no mo' 'bout 'um.

"Well, li'l w'ile aft' I done gone to baid, Sis' Fanny, I commence thinkin' 'bout dem bones, an' wond'in' ef dey was b'lonks to innybody w'at I use to know, an' ef Ligie knowed who dem bones was w'en 'e put 'um in de sack; an' you know, to save mah soul dem bones would'n lemme git to sleep? No ma'am, Sis' Fanny,

dem bones was heavy on mah min', an' I des
laid dah wid mah haid all k'yivvuh'd up wid de
quilt des a-thinkin' 'bout dem bones; till bime-
by, hit look like I hyeah'd som'h'n rattlin' in
de nex' room. So I moved ove' in baid a li'l,
an' I say,—Ligie, yuh lef' dem bones in de
house an' I hyeah som'h'n movin' 'roun' in de
kitchen.

"Ligie ain' did a thing but grunt an' kep' on
sleepin'. I say, Ligie, 'tain good to keep dem
bones in de house all tied up in dat sack, wid
all dese winduhs an' doahs shet tight. But
Ligie des kep' on sleepin' an' 'e ain' budge. I
say, Ligie, git up like I tell yuh an' cah'y dem
bones out in de yahd und' de fig tree tell
mawnin'; dem bones sperrit movin' 'roun' in
de kitchen an' ain' gwine leave nobody sleep.

"Ligie turned ovuh, an' 'e say, 'Gawd
knows, ooman, yuh sho is a pes'ment to mah
soul. W'yn't yuh leave people res' w'en dey
be ressin'?'

"I say: how I'm gwine leave yuh res' w'en
dem bones yondah in de kitchen tawmentin'
me so tell I can' shet mah eyes an' say mah
pra'hs? Git up like I tell yuh an' ca'hy de sack
out doahs und' de fig tree tell mawnin'.

"So Ligie got up an' ca'hy'd de sack out
doahs, an' come back in baid, an' twan' so long
till I commence droopin' an' fell back in mah
slumbuhs.

"Well, I dunno how long I was sleepin',

w'en all at once, I woked up, an' hyeah'd
som'h'n come rattlin' down de staihs leadin'
fum de attic, bawnkety-bawnkety-bawnk!

"I snatched holt o' Ligie ahm, an' I say:
Lawd! Ligie, de daid man bones done comed
back in de house an' mahchin' up staihs! Git
out dis baid, Ligie, an' lessus go way fum
hyeah. Dah whah Ligie jumped up an' made
fo' de kitchen an' I jumped up an' flunged on
mah close an' was makin' fo' de front do'h,
w'en Ligie grabbed holt mah ahm, an' 'e say:

" 'Come back hyeah, Ginneevah! 'tain nuthin'
but a rat gone stole de ham-bone out de pot o'
cabbage yuh lef' stannin' on de fiah-haf un-
k'yivvih'd, an' 'e mus' bin druggin' de bone up
staihs an' it slipped way fum 'im, an' da's w'at
yuh hyeah'd come rattlin' down.'

"I say, lemme go, Ligie. Ham-bone, shin-
bone,—inny kin' o' bone,—but Gawd can' pay
me to sleep in dis house tonight. No'n deed,
Lawd. Yuh done brought a sack full o' con-
fushun hyeah des fo' two dolluhs? No'n deed,
Ligie, I des natchally got to tell yuh good-
night tell de mawnin'. So dah whah I lef' im,
Sis' Fanny, an' come hyeah whah I kin git
some sleep to yo' house."

"Well, Ginneevah, den yuh ain' lef' 'im fo'
good, is yuh?"

"Who? Sis' Fanny,—no'n deed. Yuh know
mah word is mah testament; an' yuh know
w'en I married Ligie I promise to fuhsaken'

im' fo' all othuhs until death depaht, an' yuh know I ain' gwine do a thing but go straight back to mah own house soon's it git big daytime? Who, Sis' Fanny? Yuh ain' think I'm gwine leave a li'l thing like a ham-bone come twix me an' mah lawful husban'?"

PONSOLEY, CHRISTENED LUKE

PONSOLEY, CHRISTENED LUKE

Ponsoley's right name was Luke, but Seelan said she called him "Pawnsoley fo' shawt."

He went to live with Miss Ellen's family when he was a small boy of about eleven years and annexed himself to "Mistuh Ahnes" (Ernest), becoming in every sense of the meaning a true and faithful servant. As the years went by he took on the air of grand dictator absolute, making it his bounden duty to advise and counsel Mr. Ahnes in everything he did; and as he seldom got things wholly straight, especially persons' names, invariably making delightful tangles of messages and household matters, he furnished no end of amusement; therefore Mr. Ahnes let him believe that he could not possibly manage to get on unless he

could count on Ponsoley's guidance and pro-
tection.

His deepest concern was Mr. Ahnes's having
so many engagements away from home and
the loss of sleep occasioned by them.

"Yas," he would say with an ominous scowl,
"I ain' nev' gwine make no mo' cov'nan wid
dyin' people, 'cause dese hyeah offun chillun is
de devil to git 'long wid. I promise Miss Ellen
to take k'yeah 'v yuh an' look aft' yuh, but
hyeah I is, an' can' do a Gawd blessid thing
wid yuh, all time tyin' up mah pro-gress wid
yo' haid-long ways an' don'-k'yeahfied feelin's.
Whah yuh gwine all time, losin' yo' night res'
fo' people wat ain' gwine gi'e yuh nothin' but
a han'-full o' thank-yuh an' a mouf-full o'
much-oblige? Y'awtuh stay home an' lay up
in yo' vickey an' res' yo' body, an' leave all dem
play-gone people git somebody else to take
off Tom Fool an' pick on de melodun an' things
fo' 'um. Goin' out in de col' an' de fros' be
cuttin' 'roun' yo' yeahs an' fixin' yuh to take
de baid wid de plusy.—Who gwine set down
'long-side yo' baid wid yuh, an' be dah to
morris yo' fawid wen de fevuh strike yuh?
An' han' yuh nuhishment wen yuh done got
helpless an' speechless an' a plum' nuseness to
yo' vehy se'f an' all yo' bereeve fam'ly,—who
gwine do it, I ax yuh? 'Tain' gwine be none
dese brazen fee-a-tuh people an' King Daugh-
tuhs yuh runnin' wid, is dey? Who? 'Tain'

nobody but Pawnsoley got to be plague' wid
yuh, an' stay hyeah wid yuh an' keep 'um fum
cahyin' yuh yondah to de Chaddy Hospiddul
buryin' groun' wen yuh done 'ceasded,—'dout
inny decen' funeyun, an' 'dout inny holy watuh
sprankul on yo' face an' de pries' swingin'
smoke ove' yuh, an' 'dout a ban' o' music play'n
Nero-My-Gawd fo' um to step to, like people
wat bin use to somh'n! But go haid, 'tis yuh
got to git straight wid de Lawd, not me!"

Invariably after a tirade like this, Ponsoley
indulged in one of his favorite soothing spir-
ituals, revealing a power of transition which
was often amazing. The plaintive ante-bellum
spiritual called "I'm Goin' Home On a Cloud"
never failed to restore the desired peacefulness
of mood, bringing with it a feeling of child-
like faith and earnestness which made his sing-
ing captivating.

I'M GOIN' HOME ON A CLOUD

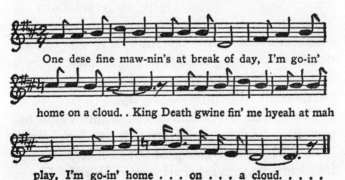

One dese fine maw-nin's at break of day, I'm go-in'
home on a cloud. . King Death gwine fin' me hyeah at mah
play, I'm go-in' home . . . on . . . a cloud. . . . .

"Ef yuh don' nevuh, nevuh see me again,
  I'm goin' home on a cloud;
I'm gwine hail de mawnin' train,
  I'm goin' home on a cloud.

"I'm a po' pilgrim journ'in' alone,
  I'm goin' home on a cloud;
Gwine walk wid de angels an' sing 'roun' de th'one,
  I'm goin' home on a cloud.

"O mah Redeemuh, Fathuh of all,
  I'm goin' home on a cloud;
Hyeah stan's a soljuh waitin' fo' de call,
  I'm goin' home on a cloud."

"Yas," he would say, interrupting himself, "I weahs dis life like a loose gommux wat I kin slip off easy an' leave behin' wen de Lawd call me. An' wen some dese same infedel nigguhs an' w'ite folks be hyeah wranglin' an' squablin' 'bout wimmins an' money an' things, Pawnsoley gwine be right up yondah in de Kingdom settin' 'roun' de th'one, drinkin' fum de fountain wat nevuh runs dry, an' lookin' down at 'um laughin'. Yas I is; 'cause in mah Fathuh I puts mah trus', an' I know mah sperrit gwine ovuh-come some day."

Then, after a preliminary hum, he would begin the strange, exultant, dirge-like hymn, "Po' L'il Jesus," going about his duties singing, his voice reverberating through the house like that of a priest intoning a Gregorian chant:

PO' LI'L JESUS

Po' li'l Jesus, hail Lawd, Child o' Ma-ry, hail Lawd,

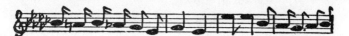

Bawn . . in a stable, hail Lawd, Ain' dat a pi-ty an' a

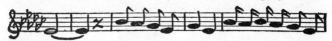

shame? Po' li'l Jesus, hail Lawd, Tuck im fum a man-juh,

hail Lawd, Tuck im fum 'is mothuh, hail Lawd,

Ain dat a pi - ty an' a shame? . . . . . .

"Po' li'l Jesus,
    Hail Lawd,
Dey gi'n 'im to de Hebrew,
    Hail Lawd,
Dey spit on 'is gahment,
    Hail Lawd,
Ain' dat a pity an' a shame?

"Po' li'l Jesus,
　　Hail Lawd,
Dey boun' 'im wid a haltuh,
　　Hail Lawd,
Whupped 'im up de mountain,
　　Hail Lawd,
Ain' dat a pity an' a shame?

"Po' li'l Jesus,
　　Hail Lawd,
Dey nailed 'im to de cross,
　　Hail Lawd,
Dey hung 'im wid de robbuh,
　　Hail Lawd,
Ain' dat a pity an' a shame?

"Po' li'l Jesus,
　　Hail Lawd,
Risen fum de dahkness,
　　Hail Lawd,
'Scended into glory,
　　Hail Lawd,
Ain' dat a pity an' a shame?

"Po' li'l Jesus,
　　Hail Lawd,
Meet me in de kingdom,
　　Hail Lawd,
Lead me to mah Fathuh,
　　Hail Lawd,
Ain' dat a pity an' a shame?"

EMANCIPATION PROCLAMATION

EMANCIPATION PROCLAMATION

Doon's family name was Chapron. Inherited from the plantation owner to whom her grandparents had belonged. But Antitaw was the name bestowed on her by the "gent'-man she tuck fo' comp'ny-keepuh," when they were bound by the laws of wedlock "yondah to Putney Ward New Hope church in de Eas' Green."

Probably in its original glory the name was Anatole, but from long careless bandying of negroid labials it was corrupted into Antitaw.

Doon was not comfortable with Richmond Antitaw for husband "for keeps," simply because she was a child of riot and rhythm, and he was "nothin' but a easy-walkin' house-cat 'dout inny supshun to 'im."

She was the "shine" and the "lead" of all

the Saturday night fish-frys, and Richmond, being the "seckshun" of the church, remained at home tempering his spirit and praying for the reformation of Doon's soul while she was dancing her way down the giddy road to torment.

Richmond's physical condition was far from the state of perfection his spiritual development had reached. His health was very precarious, and the thought of widowhood was a happiness Doon looked forward to with undisguised eagerness. She spoke of it constantly and with such certainty that all her friends were prepared to rejoice with her at a moment's notice.

One morning she appeared arrayed all in black, with a head-handkerchief to match, and on the road she met Seelan, who in friendly, womanly fashion began to commiserate with her:

"But no, Doon,—wat yuh mean, all droped up hyeah in black! Who yuh moanin' fo'?"

"Mah husban'," said Doon.

"O. . . . I ain' know yo' husban' was daid. W'en Richmon' died?" asked Seelan.

" 'E won' die!" said Doon emphatically.

"But no, Doon; yuh jokin' " said Seelan doubtfully.

"Who? Not me," answered Doon with indignant anxiety; "wat I'm tellin' yuh, Gawd want, an' das de true. Look like nothin' won' make dat nigguh die. Hyeah I bin weahin' moanin' fo' 'im evuh sence 'e bin tuck wid de shawtness o' breath, an' 'is han's an' feets an' things staht to swole,—an' yistiddy mawnin' I tuck a piece o' papuh wid 'is whole name wrote on it backuds an' fawids, an' put it in mah shoe und' mah heel,—but Richmon' hyeah till yet.

"Yas ma'am; look like 'e des gwine stay hyeah wid de linggrin'. But chile, I ain' gwine take 'is name fum und' mah heel,—who? No'n deed. I'm des gwine keep on stompin' down on 'im till I gits 'im whah I wants 'im,— an' yuh know da's right down yondah to de Gates o' Mairy graveyahd, whah I know 'e ain' gwine bothuh me no mo'."

"But, Doon," exclaimed Seelan with great surprise.

"Yassen deed, chile," continued Doon with the unconscious rhythm and emphasis of a finished elocutionist:

"Nobody don' own me no mo'. Dis ain' no Reb-time. Chile, yuh know, nigguhs all bin sot free evuh sence eighteen-an'-sixty som'hn-nuthuh, an' nobody but me, mah own good cittazun se'f got to look aft' my free Loo'zanna priv'lidge an' injoy mah good young ooman life, 'fo I gits so age-bul dat nothin' ain' gwine intrus' me no mo'. Who?—Chile, dis hyeah nineteen-an'-twenny-two, an' people done got to flyin' way up yondah in de ellamen', an' yuh 'spec' Doon to slow down an' lose motion an' come to be on-cawnsh'bul like ole Richmon' lay'n home yondah? Who?—Dis Doon Chapron, an' I come fum a fam'ly o' people, me!"

And with supreme contempt for the disapproval of the whole country-side, she walked off, leaving Seelan staring after her in speechless silence.

CALEDONIA'S RETREAT

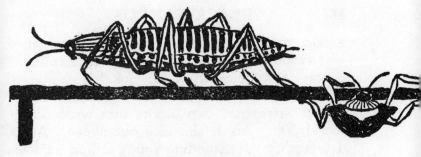

CALEDONIA'S RETREAT

With a Scottish sounding name like Caledonia, one would expect to see the lady in question arrayed in a Highland plaid of red and yellow and green; but instead, we find her dressed in a plain Creole guinea-blue gown and bandanna head-handkerchief, a most becoming match for the true black velvet variety of her complexion.

As Caledonia was coming along decked in her stiff-starched finery, she met her friend Rachel, who was coming from market with a basket on her arm. Rachel, surprised to see Caledonia in all her bonny array, stopped suddenly, and putting her basket down on the sidewalk, exclaimed:

"But no, Caledonia, dis ain' you, all droped up in yo' deseyeahs, nine o'clock in de day, an' on a big Monday mawnin' too? Whah yuh bin? Somebody daid an' yuh goin' to de funeyun?"

"No, Rachel; dey ain' nobody daid. I bin yondah to Tellamox Street to see 'bout gittin' a place to work,—went to see one w'ite ooman wat avvuhtise in de papuh yistiddy fo' a cullud ooman to do house work an' cook."

"O, da's nice, Caledonia," said Rachel, "Tellamox Street des two blocks fum whah I'm workin' at. An' it sho nice out hyeah. An' dey cert'ny got some fine young cullud gent'mens out hyeah to keep comp'ny wid an' 'scoat yuh home fum Holly Gro' church yondah 'cross de Basin. An' chile, dey has a feesh-fry out hyeah twice a week. An' dey gives yuh all de sonny-kick-mammy wine yuh kin drink, three glasses fo' two-bits."

"But I ain' say I got de place, Rachel."

"O, yuh ain' got de place? Hoccum, Caledonia, somebody got dah 'fo yuh did?"

"I dunno how many got dah 'fo I did, Rachel, but I know dat w'ite ooman sho gwine think on all dem wat come behin' me, aft' I done spoke mah sobuh min' to 'uh like I did.

"Yuh know, Rachel, I bin workin' out evuh sence mah bereave pahrents died an' lef' me, nuthin' but a li'l ba'hfoot mothuhless gal, toatin' basket o' vegatebbles on mah haid an' sellin' blackberries, an' red'nin' bricks front o' w'ite folks doahs; an' I kin tell good wen I see w'ite folks wat bin used to havin' cullud people 'roun' um. Yassen deed, Rachel, I ain' got to know dey direck in-ty-tlus an' wat fam'ly o' people dey comes fum. I des got to hyeah 'um talk, an' watch how dey acks tow'ds us culluh, da's all,—den I kin tell straight off if dey de ridginny w'ite folks, or des off-springs an' Bayou Lafoosh Cajun mixtry wat ain' bin use to nuthin' but a crokuhsack, a grass-sickle an' a w'eel-ba'h. Who? Yassen deed, I kin tell 'um good.

"Like dat ooman I bin to see dis mawnin'. She ain' no real kin' o' people. Chile, she come down staihs to open de do' aft' I had rung de bell, an' dah she was, in a loose-fittin' pink lookin' gabbarella de culluh dem snowballs de chillun buys yondah to de Dago stan' wid de serrup ove' 'um,—an' it had blue lookin' All Saints' Day flow'hs all ove' it, big as yo' face, Rachel; an' 'uh haih twis' up on top 'uh haid lookin' like it ain' nev' hyeah'd tell 'bout a comb; an' di'mon yeah-rings in 'uh yeahs, Rachel, big as dem buttuh beans in yo' basket.

"An' wat she had on 'uh feets,—a paih dese yeah straw slippuhs wat yuh buys fum de Chinee sto' 'dout inny heel to 'um; an' ain' had a Gawd's bit o' stockin' on, Rachel,—sho-nuf,—ain' had a piece o' stockin' on eithuh one 'uh laigs. An' all dem di'mons in 'uh yeahs, an' 'uh diffun' culluh gabbarella, comin' down clean to de front do', big nine o'clock in de day.

"Gawd knows, Rachel, she tuck me so hap-hazzud, I say: O-o-o-o-o, lady, yuh sick? She look at me, an' she say, no. Den soon's I could bring back mah right presen' o' min' an' could re'lize agin, I say: well, 'scuze me, lady, but is yuh de lady had som'hn in de papuh fo' a cullud ooman to do house work an' cook?

"She say, yas.

"I say: wat all dey has to do?

"She say: 'I has three meals a day; an' break-fas' has to be serve at half-pas' seven; an' mah two chillun got to be dressed fo' school; an' de whole house has to be cleaned up evvy day, upstaihs an' down; an' yuh has to wet de flowuh gahden mawnin' an' evenin'; an' look aftuh mah three dogs, an' feed mah cunnary birds; an' yuh has to answuh de telafoam an' de do'bell, an' go to de mahket; an' I has mah washin' did in de yahd, an' yuh got nice sem-matairy tubs an' 'lectric i'on, an' de shed got a nice pavemen' flo' whah yuh be cool wen yuh workin'; an' ove' de shed upstaihs yuh got a nice room; an' yuh kin go home on Sunday night aft' de suppuh be serve'.'

"I say: Umph-humph-h-h-h, da's sho nice. An' how much yuh pays, lady?

"She say: 'We bin payin' twelve dolluhs a mont', but we willin' to pay thirteen dolluhs-an'-six-bits to a good ooman.'

"I say: Umph-humph-h-h, da's sho nice. But lady, yuh say yuh was avvuhtise fo' a cullud ooman?

"She say, yas.

"I say: But lady, yuh wrong. Yuh ain' wan' no cullud ooman. Wat yuh needs is a

nigguh, lady. An' thank yuh ma'am fo' in-
tuhruppin' yuh so long. An' dah whah I
walked off an' lef' 'uh.''

"But no! Caledonia, yuh ain' tol' de ooman
dat, is yuh?"

"Who? Yassen deed, Rachel, I sho did tol'
'uh dat. An' I was fixin' to tell 'uh mo',—but
yuh know I don' 'low mahsef to talk too much
to w'ite folks inny mo' sense de time Miss Hec-
taw mix me up in a scrape wid Mistuh Frank,
de butchuh, an' a whole passul o' roaches."

"O g'way fum hyeah, Caledonia, an' quit
yo' foolishness."

"Gawd knows, Rachel, I ain' lyin'. 'Twas de
fus' day I went to work fo' Miss Hectaw (an'
a bettuh w'ite ooman nevuh broke bread in dis
life,—but so k'yeahless). Yas, 'twas de fus'
mawnin' I staht to work fo' 'uh, an' she say:
'Come on, Caledonia, I'm gwine take yuh to
mahket wid me so yuh kin see wat I want yuh
to do.'

"So she tuck de mahket basket fum und' de
kitchen table an' put 't on 'uh ahm, an' bofe
us went to Mistuh Frank butchuh shop to-
gethuh.

"De place was full o' people, buyin' meat, an'
Miss Hectaw put de basket down on top de
block whah dey had de poke chops, an' walked
off an' commence hol'n' heavy commasayshun
wid some 'uh ole-time acquaintuss.

"Bime-by Mistuh Frank comed ovuh to de

block to cut some poke chops, an' des natchally pushed de basket to one side out 'is way. An' dah whah de basket tipped ovuh an' de k'yiv-vuh fell off,—an' Lawd! Rachel, a whole mul'tude o' roaches come pilin' out de basket all ove' de meat block, des a-drillin'. Yas Lawd, dey had a fatul purrade o' roaches fum de ole grampah clean down to de l'il teensy chillun roaches, tell de whole block was faihly 'loominated wid 'um, des a-drillin'.

"Well, Mistuh Frank got so mad 'e look like 'e was gwine th'ow de butchuh knife at me, so I staht to run,—'cause mah mothuh always tol' me,—Caledonia, don't yuh nevuh stan' still w'en yuh see death comin' at yuh. But Mistuh Frank grabbed hol' mah dress an' pulled me back, an' 'e say:

"'Wat yuh mean, ole nigguh, comin' up in mah butchuh-shop wid yo' roach-nes' an' scat'-rin' yo' gahbige all ove' mah meat-block? Pick up yo' nasty basket an' git out hyeah an' take it home whah it b'lonks.'

"Well, Rachel, I tell yuh I felt so bad fum mah feelin's bein' 'buked an' mawduhfied like dat 'fo all dem people, dat I des natchally stood dah speechless,—Mistuh Frank lay'n dem roaches at mah do' wen dey was b'lonks to Miss Hectaw,—w'ite-folks roaches, Rachel! people I ain' nev' bin 'quainted wid befo'. like I tell yuh.

"But inny way: soon's I could talk good

agin, I look at 'im an' I say: Look, Mistuh
Frank, I ain' blame yuh a bit fo' losin' yo' tem-
puh 'bout all dem nasty roaches runnin' an'
drillin' ove' yo' meat-block,—but yuh's a w'ite
gent'man, Mistuh Frank, an' don' know
nothin' 'bout me, 'ceppin' dat I'm cullud people
an' hol'n' a sub-bawg-ly position; an' I ain'
own nothin' in dis life wat I kin lose 'cep' one
thing, an' das mah reppatashun. So I'm gwine
call de w'ite lady dem roaches b'lonks to an'
leave yuh tell huh 'bout 'um.

"So dah I turn 'roun' to look fo' Miss Hec-
taw, an' Lawd! Rachel, de ooman was gone!
Clean disap'yeah'd.—Gone, I tell yuh, an' lef'
me complete 'thawity to look aft' de basket
an' de roaches too, Rachel.

"But wat I done? Who? I des natchally
lissen at wat mah se'f-respec' an' mothuh wit
tol' me to do, an' walked off straight home to
mah own good house an' lef' 'um to fix it wid
de Lawd des like dey wan'. Cause mah prin-
c'ple is evvy one fo' hissef an' de Lawd fo' us
all. An' I know, Rachel, de Lawd ain' gwine
hol' nobody 'sponsible fo' ack'in' scawnful
to'ads a passul o' roaches somebody done
wished on 'um."

'CEASDED
(Deceased)

'CEASDED
(Deceased)

But no, Miss Ellen, whah yuh bin
    Dat yuh ain' bin knowed big Jawg bin daid?
Hit make twelve days dis week comin' in
    Sence po' ole Jawg long grave bin made.
I thought yuh knowed all 'bout de thing,
    'Cause 'e sho bin had one fine, nice wake.
Hit look like folks des come to sing
    Ove' Jawg dat night fo' ole-time sake.

De Li'l Rock Church was natchally pack
    Clean fum de pulpit to de front do'.
An' dey had two wimmins way'n de back
    Wat I ain' nev' bin seen befo';
Dey look like folks fum a fuh'in place,
    Wid all dey diffun' kin' o' silk,
An' de powduh smeah'd up-side dey face,—
    Like reel ink bottles drippin' milk.

Gawd knows, Miss Ellen, I bit mah thumb
  Evvy time I looked back toa'ds de do'
An' seen dem two like dey done come
  To view a natchal pop-a-show,
An' ain' bin thought 'bout giv'n respec'
  To po' ole Jawg wat lay'n dah daid;—
Wid de powduh smeah'd up-side dey neck
  An' de bows all up an' down dey haid.

I got so cross I could hahdly sing
  W'en Muhailey staht up de fune-yul hime;
An' to pat mah foots was de onles' thing
  Wat made me rickaleck pray'n-time.
But soon's Jawg po' ole wife walked in
  Mah min' ain' thought 'bout de two no mo',
An' I commence to sing w'en Sis' Viney begin
  Dat long-meetuh hime wat staht off so:

"O, I don 'wan' be buried in de stawm,
  O Lawdy,
I don' wan' be buried in de stawm,
  O angel, O angel,
I don' wan' be buried in de stawm.

"I wants mah elduh to bury me,
  O Lawdy,
I wants mah elduh to bury me,
  O angel, O angel,
I wants mah elduh to bury me."

An' all time de membuhs was singin' de song
  I was lookin' at de coffin whah Jawg was lay'n,
An' mah min' kep' tellin' me som'hn was wrong,
  'Cause Jawg haid was settin' up dah too plain.

Mus' be dat de thing wan' measured right,—
  An' de man so long dat de thing ain' fit.
An' mah min' kep' stud'n, an' would'n be quite
  So I tuck up de hime an' went fol'rin' hit:

"Dig mah grave wid a golden spade,
  O Lawdy,
Dig mah grave wid a golden spade,
  O angel, O angel,
Dig mah grave wid a golden spade.

"Windin' sheet gwine hol' me fas',
  O Lawdy,
Windin' sheet gwine hol' me fas',
  O angel, O angel,
Windin' sheet gwine hol' me fas'.

"Coffin-lid gwine screw me down,
  O Lawdy,
Coffin-lid gwine screw me down,
  O angel, O angel,
Coffin-lid gwine screw me down."

But wait, Miss Ellen, yuh ain' hyeah'd all yit:
  Des lissen wat I witness on de nex' day,
Den yuh kin tell me w'at yuh thinks 'bout it,
  'Cause me, mah own-se'f dunno w'at to say.
Yuh know how Jawg was a man w'at prayed
  An' lived like a Chrishtun w'at b'leeved in right?
So 'e mus' be gwine do w'at de Bible said,—
  Stan' 'fo de Fathuh in de heav'nly light?

Well, w'en de time fo' de bury'n comed **aroun'**
    An' de man went to put on de coffin-lid,
'E foun' dat de thing des would'n go down, —
    An' Lawd! Miss Ellen, w'at yuh reckon 'e did?
'E push, an' 'e shove, an' kep' fo'sin' 'im unduh
    Till Jawg des natchally slipped in place!
Now how 'e gwine talk to Gawd w'en 'e git up
       yondah
    Wid all dem boahds lay'n tight 'cross 'is face?

WHO'S GWINE CLOSE MY DYIN' EYES?

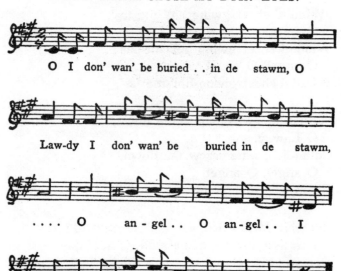

O I don' wan' be buried .. in de   stawm, O

Law-dy I don' wan' be   buried in de   stawm,

.... O   an - gel .. O an - gel .. I

don' wan' be buried in de stawm. .....

WHO'S GWINE CLOSE MY DYIN' EYES?

Who's gwine close mah dyin' eyes?
    O Lawdy,
Who's gwine close mah dyin' eyes?
    O angel, O angel,
Who's gwine close mah dyin' eyes?

I wants mah elduh to bury me,
    O Lawdy,
I wants mah elduh to bury me,
    O angel, O angel,
I wants mah elduh to bury me.

Dig mah grave wid a golden spade,
    O Lawdy,
Dig mah grave wid a golden spade,
    O angel, O angel,
Dig mah grave wid a golden spade.

Low' me down wid a silvuh chain,
    O Lawdy,
Low' me down wid a silvuh chain,
    O angel, O angel,
Low' me down wid a silvuh chain.

Windin' sheet gwine hol' me fas',
    O Lawdy,
Windin' sheet gwine hol' me fas',
    O angel, O angel,
Windin' sheet gwine hol' me fas'.

Coffin lid gwine screw me down,
    O Lawdy,
Coffin lid gwine screw me down,
    O angel, O angel,
Coffin lid gwine screw me down.

Good-by, mah voice be heard no mo',
    O Lawdy,
Good-by, mah voice be heard no mo',
    O angel, O angel,
Good-by, mah voice be heard no mo'.

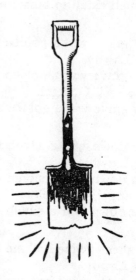

LISKA'S CHILDREN

LISKA'S CHILDREN

After Liska married she gave up her place at Miss Ellen's and went to live in the country.

On going back to town after her five years' absence, her first impulse was to call on Miss Ellen and display the shining proofs of her matrimonial venture, three little girls and a little boy, all arrayed in the gayest calicoes and striped stockings and copper-toed shoes to be had in the whole country-side.

When Liska's arrival was announced, Miss Ellen came downstairs to see her with genuine pleasure at being remembered, and Liska immediately began to tell about herself:

"Lawd, Miss Ellen, yuh ain' think Liska comin' to town des fo' one day aft' she bin gone fo' five whole yeahs an' ain' gwine come straight hyeah to yo' house an' leave yuh sight all dis kin'ry she done collec' sence she bin gone? Who, Miss Ellen? Not me.

"Yuh know, soon's I hyeah'd tell de Golden Spray Berrin' Sosayshun wat I b'lonks tuh was gwine give a excursion to town on de foath o' July, I say Plunduh—da's mah husban',—I say, look, da's sho one thing Liska gwine treat 'uhse'f to, aft' she bin hyeah five whole yeahs 'dout inny ple'djuh, des scufflin' hyeah in dis lonesome country an' ain' had nothin' to make inny change a-tall but dese chillun. Yas, I say, Plunduh, I'm sho gwine take de chance an' go yondah to see mah fam'ly o' w'ite folks,—an' hyeah I'm is, Miss Ellen. Dis Liska; ole loud mouf Liska wat usetuh hang 'roun' yo' kitchen an' stir up dem hick'ry hash an' hell-fiah st'yews an' good long gravy fo' yuh. Yas, Miss Ellen, dis Liska; an' all dese hyeah li'l black impdedumps is de off-springs 'uh body. View 'um, Miss Ellen, an' tell me wat yuh thinks 'bout 'um."

Miss Ellen admired them each in turn, and after complimenting Liska on the future worth of her interesting family, she asked their names, to which Liska replied:

"I thought 'bout yuh w'en I crissun 'um, Miss Ellen; an' I say, lemme name mah chillun names like people wat bin raised an' usetuh somh'n, not no shoo-fly names like all dese

hyeah ignun' nigguhs calls dey chillun in de
country. Mah husban' was wan' call 'um
Bible names, but I say,—look, Plunduh, yuh
de fathuh dese chillun, 'tis true, but yuh ain'
birthded none v'um like I is, so it 'p'yeahs to
me like de one wat bawned 'um is de one wat
got de right to name 'um, so 'e lemme had mah
way, an' I called 'um flowuh names out de
g'yahden book Unc' Sawney got fum de seed
sto'. De ol'es one, she name Olalanduh, dat
'un got de pink ribbon in 'uh haid. An' de nex'
ol'es', dat 'un wid de blue yeah-rings, she name
Bo-been-yah. An' de yuthuh one—(gal, take
yo' finguh out yo' nose) de littles' one, she
name Ahtifishul."

Miss Ellen expressed her delight at the
beauty of the names of the little girls and
asked Liska what she had called the little boy,
to which she replied:

"Well, Miss Ellen, evvy place 'e works at
dey calls 'im a diffunt name, but 'is maiden-
name is Sweet Willyum."

SEEING SPIRITS

SEEING SPIRITS

The field-hands were at work in Mr. Onez-ime's garden, cutting lettuce and packing it in barrels to be shipped to Chicago. Prune, who was gifted with a wonderful imagination, and the cunning habit of appropriating any clever story he heard and relating it as one of his personal experiences, was telling a story none of his companions seemed inclined to believe. One after another they expressed their doubt, but Prune held to the verity of his story and declared himself an eye-witness.

"O g'way fum hyeah, ole nigguh," said Mose, "we-all done hyeah'd de win' blow 'fo today."

"Who,—Prune?" said Bad Money, "Prune brought lyin' to dis country."

"Ef lyin' was a thing could git people grad'jated like dickshunnery an' jawgafy, ole black Prune sho git 'is credenshun signed up on lamb wool easy," said Dink.

"Look, ole crazy nigguhs," said Prune, "I ain' beggin' none y'all to b'leeve wat I'm tellin' yuh. I'm des natchally tellin' y'all wat I seen happen."

"Who, Prune? Yuh say yuh seen de thing happen like dat?" said Big Jeems. "Well, I wan' hyeah yuh tell it agin so's I kin lissen ef it soun' compulshunery."

"Y'all kin do like yuh like 'bout b'leevin'," said Prune, "but wat I'm tellin' yuh 's Gawd dyin' truth fum hyeah to heaven, des like I seen de thing happen wid dese same two wide-open Affiky eyes.

" 'Twas one Saddy evenin', an' I was settin' down to mahsef on top a sack o' I'ish potatoes in Mistuh Cholly Groos sto'-room; an' right scattuh-cawnduh fum whah I was settin' dey had a ba'hl of gin wat had a fawcet wat was leakin'. An' 'twan' say 'zackly leakin' neithuh, but des drippin' slow, drap fo' drap.

"Well, I was settin' dah, watchin' it drippin', wen fus' thing I knowed, who come lopin' 'cross de flo' fum behin' de ba'hl in de cawnduh but one li'l ole long-tail mice. 'E ain' paid me no 'tenshun, but runned ove' to whah de faw-cet was drippin', an' licked out 'is tongue good as 'e felt an' got 'im a tas'e o' de gin drippin' fum de fawcet.

"I des look at 'im, an' I say: Now yuh tell

me! Ef dat mice ain' got sense de same as people! Lickin' out 'is tongue to ketch dat gin drippin' fum de fawcet!

"Yas, Lawd,—hit look like dat gin mus' bin gi'n 'im relish fo' flavuhs,—'cause soon's 'e done swallud de fus' drap 'e licked out 'is tongue to git 'im anothuh drap. Yas, 'e look like 'e make up 'is min' 'e gwine lap 'is lickuhs to 'is sattafacshun long's nobody ain' meddle 'im. An' I des set dah watchin' 'im, 'cause I was indaquiztun to see wat 'e gwine do nex'.

"Well, yuh know I breathes hahd. So 'e mus' bin hyeahd me breathin', so dah whah 'e turned roun' an' seen me watchin' 'im, den 'e runned out in de middle o' de flo', an' fus' thing I knowed, Mistuh Mice had sprunged up in de aih an' landed squah on top de bah'l o' gin.

"I look at 'im, an' I say: Lawd! now wa's dis dumb beas' gwine do nex'? An' 'e mus' bin un'stood wat I say. 'Cause 'e look me direck in de face, an' 'e commence wallin' 'is eyes all roun' de room; den 'e reah'd back on top dat bah'l o' gin,—an' bless Gawd, dat mice look at me an' say des as plain as ef 'e was people: Now show me dat damn tom cat say 'e wan' fight!"

THE REDEMPTION OF ADAM WIND-BUSH

THE REDEMPTION OF ADAM WIND-BUSH

Old Uncle Adam Windbush was a very celebrated character among the colored people of the East Green where he lived. The most remarkable thing in connection with him was that no one ever remembered having seen him in church, or ever remembered having seen him sober until the Sunday of the christening of his thirteenth child.

On account of his perpetual intoxication the boys had nicknamed him "Ak-a-hol": and whenever the little children saw him coming along they would say,—"yondah come de b'ewry."

Old Uncle Adam had worked as a field-hand in Mr. Onezime's garden ever since he was a young man; and he considered it his bounden duty to train his thirteen children, boys and girls, to the same line of work, because his father had been born on Mr. Onezime's plantation during "Reb' time," and Adam thought that "de las' ginnerashun ain' b'leeged to be no diffunt fum de fus'; cause people in one fam'ly got only one blood; an' chillun ain' no chillun w'at gwine let loose de han' done watched ove' dey well-fa'h an' he'ped 'um thoo de thawny places."

But a wonderful change came over Uncle Adam on the eve of the christening of his thirteenth child. A reformation so unexpected and remarkable that it seemed like the working of a miracle.

It was a story Uncle Adam was always ready to relate to any one who would listen to him. And after he had started the strange story no listener ever wanted to leave until it was finished.

"Yassen deed," he would begin, "yuh see me hyeah, ole Unc' Adam Win'bush,—I ain' lookin' like a man bin daid fo' long time but done come riz-za-rected back to life agin to show sinnuh folks how mah Lawd 'way yondah in de heav'nly lan' done tuck me fum de devil wid 'is own right han'.

"Yassen deed, Gawd don' sleep,—'e des only slumbuhs. An' des like yuh see a cat settin' und' de rose bush whah de li'l bird be singin', waitin' 'is chance to spring at de bird an' snatch 'im w'en 'e ain' thinkin' 'bout it,—da's des de way mah Lawd was settin' yondah in de Kingdom watchin' me draggin' long in mah lickuhs fo' yeahs an' yeahs, till de night me an' Suzannah was fixin' to crissun us li'l boy-chile Gomiah Gospul.

"I was on mah way to de g'yahden to pick sallit dat mawnin', an' 'twas so col' I pass' by Mistuh Cholly Groos bahroom to git me a cup o' limmon-gin to wahm up mah cawn'stewshun. An' I tuk long wid me a flas' full to run me thoo de day.

"Well, wen I got up to de g'yahden, Sis' Seelan' an' ole Unc' Roy'l Coleman an' Sis' Nootzie Poatuh an' some mo' wimmins an' mens was all settin' roun' a trash fiah try'n to wahm dey feets, an' wen Sis' Seelan' seen me, she say: 'Gawd knows, Unc' Adam, de col' done made yo' face got so ashy I thought yuh was w'ite people comin' long yondah. Come hyeah an' git a pull dis hyeah pote wine an' make yo' natchal culluh come back in yo' face agin.'

"An' dah whah she gi'n me a hookuh out de bottul she had, makin' a'ready two kin's o' lickuh in me fus' thing in de mawnin'.

"Well, it look like it kep' gittin' col'uh an' col'uh all day, so 'twan' long fo' mah flas' o' limmon-gin had give out; so I ax Sis' Seelan' gimme a nuthuh dram o' pote wine out de bottul she had; but wen she say she ain' had no mo', I say, look: I'm gwine knock off an' go home, 'cause dis col' too much on de cawnstewshun,—an' inny way, we gwine crissun us li'l boy-chile tomahruh mawnin', an' I wan' go yondah an' he'p Suzannah wid de crisnin' feas'. So dah whah I went home.

"An' lemme tell yuh, us sho was gwine have some feas'. Yas Lawd. Suzannah had done fix kush-shaw punkin, an' gumbo-felay, an' aig-nogg, an' hog-haid-cheese, an' roas' yam potatoes, an' fried cat feesh, an' coke-nut pie, an' smuthud raccoon, an' peel' sug'cane, an' red wine,—an' she had some pu'e w'iskey fo' all dem wat ain' wan' put milk in it,—an' man-suh, I et an' drunk so till evvything commence to look like 'twas nice summuh time befo' mah face,—so green an' natchal.

"Gawd knows, evvything look like it done change complete. I knowed mah thirteen haid o' chillun was right dah in de room wid me, but wen I viewed 'um, dey look like dey done change to okra stalks yondah in Mistuh One-zime g'yahden; an' de chaihs an' stove an' pot shelf in de room look like dey all done change to peppuh bushes an' beets an' buttuh beans growin' all mixed up togethuh in de same baid.

"I say, but no! Was dis hyeah done comed ove' me? I know I'm hyeah in mah own house settin' in de kitchen, but look like I can' 'zern nuthin' 'cep' green things in de g'yahden yon-dah. Lemme call Suzannah an' git straight.

"But wen she come to me, 'stid o' lookin' like mah ole lady, hit look like a long, tall angel in a snow w'ite gown, an' des as ba'h-foot as a eagle, in all dat col'.

"I say: Look, wat yuh done wid yo' shoes? Don't yuh know da's de way people ketches de kah-tah noomonus, draggin' roun' dis kin' o' col' weathuh ba'h-foot?

"But de thing des raise 'is han' an' p'int at me an' say:

> " 'Adam-m-m-m-m-m,
> Adam-m-m-m-m-m,
> Gawd call Adam,
> Thoo de weeds.'

"I say,—but no: an' who is yuh, know mah name so good? Den de thing p'int at me agin an' say:

> " 'Adam-m-m-m-m-m,
> Adam-m-m-m-m-m,
> Gawd call Adam,
> Show yo' deeds.'

"I say: Look; ef yuh come hyeah to make game, I ain' no chillun; an' I ain' in no cundishun to joke an' mult'ply words wid unbe-known people, so lemme be. Den de thing p'int at me agin an' say:

> " 'Adam-m-m-m-m-m,
> Adam-m-m-m-m-m,
> Gawd call Adam,
> 'Munks de trees.'

"I say: Wat yuh means to do, inny way?
I done tol' yuh a'ready I ain' feel like play'n.
Den de thing p'int 'is finguh at me an' say:

> " 'Whah was Eva?
> Whah was Adam?
> In de g'yahden
> On dey knees.
>
> " 'Go down, angel,
> Go fin' Adam;
> Hunt de g'yahden
> Low an' high.
>
> " 'Out de dahkness
> Adam ansuh'd,
> O mah Fathuh,
> Hyeah am I.
>
> " 'Gawd said Adam-m-m,
> Wat yuh doin'?
> Adam ansuh'd
> Pickin' leaves.'

"I say, look,—I ain' had a thing to do wid
wat Eva an' Adam done in de g'yahden o' Gas-
seem. An' wat mo' yuh 'spec 'um to do but
k'yivvuh deysef up wid leaves wen dey hyeah'd
somebody comin' up on 'um? Den de thing
look at me strong, an' p'int 'is finguh squah in
mah face an' say:

> " 'Adam was a nasty man,
> A sin-polluted soul.'

"Den I say: Gawd knows hit's a mighty good thing yuh got on a long tail gown wat keep me fum knowin' ef yuh's a lady angel or a gent'man angel, 'cause I sho would smack yuh,—comin' right up hyeah in mah house an' callin' people out dey name so broadcas'! Who yuh is, inny how?

"But de thing ain' ansuh. Hit des sprung at me an' grabbed hol' me in de coat colluh, an' staht flyin' up in de aih wid me, so high, till it look like we mus' bin reach de moon 'fo we stop. An' des wen I was 'bout thinkin' now I'm gwine see som'h'n I ain't nev' seen befo',—de thing let loose 'is han' fum mah coat colluh, an' Lawd! I commence fallin' thoo de ellamen' des like a kite wen de string done broke loose.

"An' I kep' on fallin' an' fallin,' till I commence to wond'in' how could people fall so long an' ain' reach nuthin', wen all at once, it look like I hyeah'd music in de aih, des like somebody singin'. An' I turned 'roun' to look, an' dah whah I seen mah Grammah Fanny singin' a ole time long meetuh hime wat she use to sing to me wen I was a li'l bit o' chile:

" 'Li'l David, play on yo' hawp,
        Hallelu, hallelu,
Li'l David, play on yo' hawp,
        Hallelu.

" 'Gawd tol' Moses,
    Hail Lawd,
Go down in Egyp',
    Hail Lawd,
Tell ole Pharaoh,
    Hail Lawd,
Loose mah people,
    Hail Lawd.

" 'Li'l David, play on yo' hawp,
       Hallelu, hallelu,
Li'l David, play on yo' hawp,
       Hallelu.

" 'Down in de valley,
    Hail Lawd,
Did'n wan' stay,
    Hail Lawd,
Mah soul got happy,
    Hail Lawd,
I staid all day,
    Hail Lawd.

" 'Li'l David, play on yo' hawp,
       Hallelu, hallelu,
Li'l David, play on yo' hawp,
       Hallelu.

" 'Go down, angel,
    Hail Lawd,
Wid ink an' pen,
    Hail Lawd,
Write salvashun,
    Hail Lawd,
Fo' dyin' men,
    Hail Lawd.

" 'Li'l David, play on yo' hawp,
    Hallelu, hallelu,
Li'l David, play on yo' hawp,
    Hallelu.'

"An' all de time I was hyeah de singin', I was stud'in' to mahsef,—I wonduh wat make dis hyeah angel gone brung me way back yondah in anshun days 'munks de chillun o' de Izzalites an' gospul singin' an' all dis hyeah kin' o' thing I ain' bin mixed up in sence de time mah Grammah Fanny died?

"Den I hyeah'd som'h'n say: 'Wat false-fy'in' nigguh dat bite-backin' me an' talkin' 'bout me dyin'? Kin yuh proove I'm daid?'

"I say: Look, Mistuh Angel, or Mis' Sperrit, or Grammah Fanny, or who-some-evuh yuh is,—ain' I rid on top de hearse 'long wid de drivuh all de way to de burryin' groun', an' mus' be know mah Grammah daid wen I went to de fune-yun an' he'p put de ole lady 'way?

"Den de voice say:

" 'O Adam, yuh'll see 'uh agin,
  O Adam, yuh'll see 'uh agin,
On de rezzareckshun an' de las' day,
    O Lawd, O mah Lawd.'

"I say: I ain' gwine see nuthin'. Mah Grammah daid an' gone, an' I ain' see wat make yuh wan' cawnspute mah word inny

way. Ain' me an' mah own wife Suzannah
tuck de red mahble slav off de wash-stan' an'
fetch it yondah to de graveyahd an' laid it
'cross de grave whah we put mah Grammah
Fanny so's to give de ole lady onnuh an'
respeck, an' give de place de p'yeahnce like
w'ite folks grave wid tombstone, all 'cept' de
age an' name an' wat yeah she was birthded in?
An' den yuh wan' tell me I'm gwine see 'uh
agin?

"Den it look like I hyeah'd mah Grammah
Fanny bus' out laughin', den stop right quick,
'an' staht a-singin':

> " 'Look way ovuh yondah,
> Solmon an' Gomiah,
> All on fiah,
> Run boy, run, (yas suh)
> Run tone de bell, (yas suh)
> Run cah'y de news, (yas suh)
> Run fo' yo' life, (yas suh)'

"An' dah whah I staht runnin' fas' as I
could, an' mah Grammah Fanny runnin'
behin' me wid de red mahble slav tombstone
out de graveyahd, try'n to pitch it at me evvy
time I looked 'roun'. An' I kep' on runnin'
fastuh an' fastuh all de time so's to keep out
'uh reach.—An' lemme tell yuh, daid people kin
run! Who? Yassen deed; an' dey ain'
lookin' wah dey runnin', neithuh; cause dat ole
lady run me 'cross bahb-wiah fences, an' thoo

ditches full o' sof' mud an' nasty watuh, an'
'cross briah-patches, an' 'munks hawnet nesses,
an' Gawd knows wat,—till I ain' hahdly had a
whole piece o' clo'se lef' on mah back, an' done
loss all mah two shoes, an' mah foots all
scratched up an' bleedin', an' mah very body
mawdafied an' lavadated.

"An' I kep' on a-runnin' an' runnin' an'
runnin', till it look like de very breath done
gone out mah nossuls, an' I ain' had no mo'
sense lef' in mah kuhreenyum. Den I wheel'd
'roun' an' made one desput grab at de ole lady,
an' I say:

"PITCH DE THING ON ME AN'
LEMME BE!

"An' dah whah I grabbed hol' de red mahble
slav tombstone, an' fell down heels-ovuh-
appatite, wid mah face smack in a duck pon'
full o' puddle mud an' nasty watuh. An' wen
I come to open mah eyes, dah whah I hyeah'd
Suzannah say'n:

" 'Fo' Gawd sake, Adam, git up fum hyeah!
Dah yuh gone knocked ovuh mah whole pot
o' gumbo-feelay an' gone fell wid yo' ugly face
squah in mah nice pan o' hog-haid-cheese!
Git up fum hyeah an' ack like people;—lay'n
dah like on-cawnsh'bul cattle!'

"I say: Suzannah, don' 'buke me. Mah
soul done bin cunverted an' Heaven is mah
home.

"Suzannah say: 'Git up fum hyeah, I tell yuh. Wid yo' face wollin' all ove' mah pan o' hog-haid-cheese,—talkin' 'bout yo' soul bin cunverted,—'tain nuthin' but de akahol workin' on yuh. Git up fum hyeah, I tell yuh!'

"I say: Suzannah, don' tant'lize one o' Gawd instuments. Adam Win'bush, yuh see 'im hyeah, is a true cunverted man. Mah Grammah Fanny 'p'yeah'd to me in de sperret dis blessid night of us li'l boy-chile crisnin' feas', an' chase' me all de way fum Solmon an' Gomiah, clean out o' tawment, right hyeah to de thirteen buzzum o' mah ridginny fam'ly, to do right an' ack decen' till de day o' Rizzareck-shun. An' Suzannah, som'hn tell me to name dat li'l boy-chile Gomiah Gospul, like I hyeah'd de name call wen I come fallin' thoo de ellamen'.

"Suzannah was wan' call de boy Henry, but I say,—ef yuh don' name de chile like I wan' 'im name, I bet 'e gwine be de las' one; so I had mah way. An' we crissun 'im Gomiah Gospul Win'bush to Sunday school meetin' de nex' mawnin'.

"An' Lawd! ef dem nigguhs in church ain' look like dey 'spec' to see de buildin' cave in wen dey seen me come walkin' up de aisle leadin' to de altuh, hol'in' de li'l boy-chile in mah ahms, wid mah haid thowed back, des a-singin':

I'M A SOLJUH OF DE CROSS

I'm a sol-juh of de cross in de ahmy o' my Lawd, I'm a

sol-juh of de cross in de ah - my, I'm

boun' to be a soljuh in de ah-my o' my Lawd, I'm

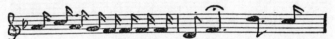

boun' to be a soljuh in de ah-my. In de

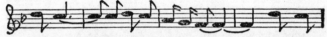

King-dom .. wid my Re-de-e- muh ... Got sal-

va-shun .. To bring me o ... vuh. .....

GAWD CALL ADAM

Adam ... Ad - am ... Gawd call Adam

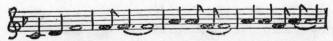

Thoo de weeds Adam ... Ad-am ... Gawd call Adam—

Show yo' deeds. Adam . . Ad-am . . . Gawd call Adam,

Munks de trees. Whah was Eva Whah was Adam In de g'yahden

On dey knees. Go down An-gel. Go fin' Adam

Hunt de g'yahden Low an' high. Out de dahkness, Adam ansuh'd,

O my Fathuh, Hyeah am I . . Gawd said A . . dam . . .

Wat you doin', Adam ansuh'd, Pickin' leaves.

LI'L DAVID PLAY ON YO' HAWP

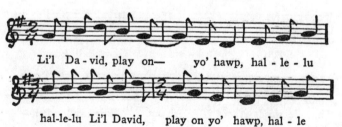

Li'l Da - vid, play on— yo' hawp, hal - le - lu

hal-le-lu Li'l David, play on yo' hawp, hal - le

lu . . . . Gawd tol' Moses, hail Lawd, Go

down in Egyp', hail Lawd, Tell ole Pharaoh

hail Lawd, Loose mah people, hail Lawd, Li'l David play on

yo' hawp, hal-le-lu hal-le-lu Li'l David,

play on yo' hawp, hal - le - lu. . . . .

LI'L DAVID, PLAY ON YO' HAWP

Down in de valley, hail Lawd,
Didn' wan' stay, hail Lawd,
Mah soul got happy, hail Lawd,
I stayed all day, hail Lawd.

Li'l David, play on yo' hawp, hallelu, hallelu,
Li'l David, play on yo' hawp, hallelu.

Go down, angel, hail Lawd,
Wid ink an' pen, hail Lawd,
Write salvation, hail Lawd,
Fo' dyin' men, hail Lawd.

Li'l David, play on yo' hawp, hallelu, hallelu,
Li'l David, play on yo' hawp, hallelu.

Run hyeah, Michael, hail Lawd,
Wid key an' lock, hail Lawd,
Gwine bind de devil, hail Lawd,
An' 'is mighty flock, hail Lawd.

Li'l David, play on yo' hawp, hallelu, hallelu,
Li'l David, play on yo' hawp, hallelu.

LOOK WAY OVUH YONDAH

Look way o-vuh yondah,   Sol-mon an'Go-miah,

All on fiah,   Run boy run, yas Suh,

Run toll de bell, yas Suh, Run cah'y de news, yas Suh,

Run fo' yo' life, yas Suh.

CHIVALRY

CHIVALRY

The Saturday night "feesh fry" was in full swing. Everybody was having a good time except one lanky, lonely looking colored girl sitting over in the corner of the room. She had been a wall flower all evening.

After a while a tall, dandy, black-velvet complexioned young colored man walked over to her and said:

" 'Scuse me, Miss young lady, but ain't yo' name Miss Magnolia Johnson?"

"Yas suh, mah name Miss Magnolia Johnson."

"Well, Miss Magnolia, is yo' program fill' yet?"

"No suh, mah program ain' fill'. No suh, Gawd knows mah program ain' fill'. No suh, 'cause all I bin had to eat dis evenin' was one slice o' watuh millun."

A MATTER OF TASTE

A MATTER OF TASTE

Lisbet was standing at her front gate talking to Panzetta, one of the "water sisters" of her church, and their talk began to swing round to Christianity.

"No'n deed, Sis' Panzetta, 'tain evvybody yuh see settin' up in de house o' Gawd wid dey eyes down-casted an' dey mouf droopin' is Chrishtuns, no; da's des 'ceitful ways dey got, try'n to fool people. But I knows 'um,—who? Yassen deed, dey can' fool me. I kin put mah han' on evvy one dem unduh groun' workuhs. Yassen deed, Sis' Panzetta, all I got to do, des look in a nigguh eyes an' tell ef Judus ways an' ignuncy be rangin' in 'is buzzum. Who? Yas ma'am."

"I sho b'leeves yuh, Sis' Lisbet, 'cause things don' seems like dey seems. An' half dese nigguhs callin' dey sef' Chrishtun, des runnin' up in church to peep in de devil face 'stid o' be servin' dey Redeemuh."

"Who, Sis' Panzetta, do'n I know? Yuh

ain' try'n to tell me? I knows 'um too good;
evvy one dem infuhdel nigguhs, an' Munjun
long wid de res' of 'um, too.

"I ain' tol' yuh wat Munjun done me?
Munjun, mah nex' do' neighbuh, wat I bin
knowed so long an' trus' like one mah own
chillun? I ain' nev' tol' yuh?—Lawd, Sis'
Panzetta, I thought yuh knowed all 'bout de
thing. Das hoccum me an' Munjun ain'
talkin' to each-anuthuh today.

"Yuh know, 'twus one Chooseday, an' I had
so much washin' to do fo' mah w'ite folks dat
I ain' tuck time to go to mahket to git me piece
o' fresh meat fo' mah ole man dinnuh; an' yuh
know mah ole man eat so curuss, 'e ain't wan'
set down to eat nuthin' 'dout 'e got a piece o'
meat o' some kin'. But I say, da's all right,
I'll des cook me one mah chickens out de yahd.

"Well, w'en I got thoo mah washin', I
caught one mah chickens an' I kilt it, an' I
swinged all de feathuhs off it nice, den I cut
'tup an' frickaseed it down wid a long gravy
wid pod-peppuh an' gahlick an' onion an'
seasnin' an' things; an' den I made a pan o' fis'
biscuits, an' close on to 'leven o'clock I had all
mah dinnuh ready to put in de bucket to toat
yonduh to mah ole man whah 'e workin'.

"Well, Sis' Panzetta, 'twas so late, I ain' had
time to eat a li'l som'h'n mahse'f 'fo' I lef', so I
des put de res' de chicken in a bowl ove' a pan
o' watuh 'way fum de anses on de kitchen table

so's I could eat to mah sattafacshun wen I git back.

"Well, I staht on mah way, an' Sis' Panzetta, hit look like I ain' nev' notice befo' how long dat road was fum home up to yondah whah mah ole man workin',—des 'cause I was so hongry, an' kep' smellin' de flavuhs o' dat chicken an' biscuits in de bucket, an' ain' bin able to stop on de road an' dip mah finger in an' git me a tas'e to keep mah appatite fum tant'lizin' me so.—Yas ma'am, dat road was long. An' wat it take to make a ooman hongry, I had it.

"Well, wen I got up to de saw mill whah mah ole man workin', de wissul had done blowed, an' mah ole man was outside waitin' fo' me, des as hongry as me mahsef'. 'E ain' stop to say good-mawnin', good-evenin', nuthin',—but snatched de bucket out mah han' an' walked off wid it 'fo I had time to say 'am I bawn to die.'—An' wat I wan' tell yuh, Sis' Panzetta, wen 'e come back wid de bucket, wat 'e lef' in de bucket ain' gwine feed a mice, —Gawd knows. Yas ma'am, Sis' Panzetta, 'e ain' lef' a wimpuh in de bucket, an' me so hongry, mah stummick was des a-thund'in'.

"Well, I ain' said nuthin' to 'im, 'cause 'tain gwine do no good try'n to talk empty es I was, an' inny way, I was wan' git home 'fo all mah strank lef' me. An' Sis' Panzetta, hit look like I could hyeah dat chicken home yondah in de bowl on de kitchen table des natchally callin' me. Yas ma'am. An' yuh know a mile an' a quahtuh 's a tur'ble distunce to go on a empty stummick! Yas ma'am, hit's like walkin' to tawment wid de devil fo' comp'ny-keepuh.

"Well, inny way, I got home, an' I made fo' de kitchen an' grabbed at dat bowl o' chicken like 'twas mah husban' pay invelup on Sadday night,— but Sis' Panzetta, yuh ain' gwine b'leeve me wen I tell yuh dat de bowl was empty. Empty, I tell yuh! Des de same es ef de cat bin comed in an' et up all de chicken an' licked up de gravy in de bahgin.

"I tell yuh, mah heaht hurt me so I could 'a cried, but Sis' Panzetta, look like I was so empty de teahs 'fuse to fall. So I des stood dah thinkin', an' it mus' bin de sperrit tol' me 'twas Munjun tuck dat chicken. 'Cause nobody but Munjun seen me wen I kilt dat chicken, an' Munjun seen dem chicken feathuhs in de street fo' mah do'; an' 'twan' nobody but Munjun comed up in mah house aft' I was gone an' stole mah chicken an' biscuits out de bowl on de kitchen table, an' et up all mah vittuls, chicken an' biscuits an' gravy, an' I ain' yet had a tas'e, an' so hongry I was fit to cuss mah pahrents.

"An' I ain' guess wrong eithuh, des like I tell yuh. 'Twus Munjun tuck mah chicken. Comed up in mah house like a fatal rogue wen mah back was turn' an' made 'way wid all mah nurshment an' lef' me 'flickded in mah own primises like John on de I'lan.

"Well, I des et me some sto' bread an' sweeten watuh, an' I set down 'long side de winduh an' wait tell I hyeah'd Munjun comed in to 'is house. Den I flunged open de winduh, an' I say: Look, ole Munjun, wat yuh mean comin' up in people house an' stealin' dey vittuls wen' dey back be turn?

" 'E say: 'Yuh call dat stealin' wen a man take wat b'lonks to 'im?'

"I say, den mah chicken an' biscuits I had in mah bowl on mah kitchen table was b'lonks to yuh?

" 'E say: 'De chicken mus' bin mine, 'cause one mah chickens was missin' dis mawnin', an' I 'spec' yuh kilt it wen dem feathuhs in de road was p'intin' to yo' do' so plain.'

"I say, umph-humph; so nobody got chicken but yuh? Well, look, ole shahp nigguh, yuh know wen people puts dey foots in mah face dey gotta tell Gawd wat dey done it fo', so I know whah I kin go to git cawnsolashun fo' mah good chicken.

"So I went dimidgetly to de Coat-house an' made chahge 'ginse 'im, an' Mistuh Jake come an' 'rested 'im an' dey put 'im in jail dat same evenin'.

"But even dat wan' no reel sattafacshun to me, 'cause 'e yet had mah chicken an' biscuits. An' yuh know wen de trial comed up dat 'ceitful nigguh kep' tellin' de Jedge dat chicken was his'n? Yas ma'am, Sis' Panzetta, kep' tellin' de Jedge wen 'e seen one 'is chickens missin' dat mawnin' dat 'e knowed dat bowl o' fricka-seed chicken was 'is dominick hen.

"Den de Jedge ax 'im: 'Kin yuh proove 'tis yo' chicken?'

"'E say: 'Coas I kin proove 'tis mah chicken.'

"De Jedge say: 'How kin yuh proove 'tis yo' chicken? Des 'cause yuh seen dem feathuhs in de road?'

"'E say: 'Yas, an' I knowed straight off 'twas mah chicken.'

"Den de Jedge say: 'An' was dey inny yuthuh way yuh could reckanize 'twas yo' chicken aft' yuh done made yo' 'zamanashun on dem feathuhs in de road?'

"An' 'e say: 'Jedge, I des natchally knowed dat chicken was mine 'cause it tas'e des like mah chicken.'

"So dah whah de Jedge say: 'Well, den, yuh gotta pay Sis' Lisbet three dolluhs fo' cookin' dat chicken to yo' tas'e, an' a dolluh an' six-bits to show yo' preshallaty fo' all dem biscuits.' "

LONESOME

LONESOME

Look like evvything done change
    Sence de night dat li'l boy spent
Wid me hyeah, an' I sho feels strange
    Evuh sense 'e went.

Things looks diffunt all aroun'
    An' nothin' doan feel natchal;
Wen I calls de big room soun'
    Empty as a satchal.

'Tain no use to try'n be quite
    An' staht mah min' a-thinkin',
'Cause des one thing hits mah sight,—
    Two eyes des a-blinkin'.

Same way wen I'm lay'n in baid,—
  Can' keep fum feelin' lonely;
Who'll I see 'f I turns mah haid?
  Des but me dah only.

Don' wan' think 'bout turn' mah face
  Toa'ds de pilluh nex' me;
Des gwine fin' a empty place,—
  An' Gawd knows dat sho vex me.

Hates to move 'roun' on de sheets
  'Cause I'm des gwine shivvuh;
Ain' gwine fin' 'is warm li'l feets
  Unduhneaf de k'yivvuh.

Da's de way 'tis evvy night
  Sence de time 'e stayed hyeah;
Feathuh-baid ain' nev' felt right
  Sence 'is body laid hyeah.

Dis way ain' gwine nevuh do:
  Lonesome? Lawdy, honey!
Des one thing gwine be de cu'e,—
  W'en yuh comin', Sonny?

KONGUHLAY'S BITTER AWAKENING

KONGUHLAY'S BITTER AWAKENING

Of all the colored people of the East Green, Hampton was the most celebrated for his great skill as a "cawntes' singuh." He won every prize basket of groceries offered by the New Hope Baptist Church at the weekly song contests. But his real fame rested on his hymn-singing at wakes; and whenever a death occurred in the village some one went immediately to secure the service of the "Death Angel," as he was called, and then everybody knew there would be a "mighty shoutin' an' a rockin' w'en Hampton commence basin' some dem ole time long-metuh sperrichals 'e know so good."

The day old Uncle Andrew died, Hampton and his partner Konguhlay were working in the bean field, putting up cane reed poles for the beans to run on. The messenger sent in search of Hampton found the "Death Angel," and after he had gone away with his promise to sing at the wake that night, Hampton began to talk over the matter with his partner.

"Konguhlay, wat yuh say 'f us knock off an' go yondah to us house an' change us dese-yeahs an' put on us dem-dahs an' git ready fo' de intuhprize to ole Unc' Andruh house tonight?"

"Who got cha'ge de thing? De New Hope, or de Mount Ziney conggashun?"

" 'Tain' eithuh one. 'Tis de King Daughtuh gwine look to it."

"King Daughtuhs," exclaimed Konguhlay indignantly, "King Daughtuhs,—keep on runnin' wid King Daughtuhs, an' w'en King Redeemuh call yuh, in hell yuh gwine lif' yo' eyes, wid nobody to keep comp'ny wid yuh but King Devil!"

"Fo' Gawd sake, Konguhlay, wat make yuh wan' be so crabbish 'bout things ain' cunsernin' of yuh?"

"Wat business King Daughtuhs got tamp'in' wid Unc' Andruh? Wimmins fo' wimmins an' mens fo' mens,—da's de way I looks at it."

"But wait, Konguhlay,—nobody ain' ax yuh take cha'ge de funeyun, is dey? An' all I ax

yuh was a civa-ly queshtun,—come go wid me
fo' comp'ny. So suit yo' pleadjuh an' do like
yuh like,—come wid me, eithuh stay 'way, an'
no hahd feelin's twix us. 'Cause I'm sho
injoyin' mah life an' ain' gwine let nobody
intuhrup' mah sattafacshun. An' da's all I got
to say to yuh."

"But inny way, Konguhlay went wid me,"
said Hampton, as he told the story a few days
after, "an' I sho was glad 'is comp'ny. 'Cause
all dat day I was feelin' kind o' flickded an'
lavadated 'bout de mouf on 'count a bran' new
set o' top teeth I jes' had bought, an' dey had
all mah jaws full o' feevish pains. So Kon-
guhlay was settin' down 'long-side me in de
room, an' it mus' bin close on to some minnits
to ten o'clock, w'en one de wimmins called out:

" 'Yas; hit done come to pass, de Death
Angel hyeah wid us all, but nobody ain'
hyeah'd 'im flap 'is wings yet. Come on,
Hampton, git up hyeah an' raise de glad titus
[tidings] an' tell Unc' Andruh de good news.'

"Den dey all staht pattin' dey feets an' com-
mence moanin' low an' nice, an' den I riz up
an' I say:

"Yas, membuhs, an' sinnuh folks an'
Chrishtun people,—Ole Unc' Andruh done
gone out de shaduh de weary lan', an' 'e walkin'
ovuh yondah in 'is Fathuh house whah many
manshun be's. An' way ovuh yondah in de

heav'nly home, hit look like I hyeah Unc'
Andruh say:

TOLL DE BELL ANGEL

Toll de bell, an-gel, I jes' got o-vuh,

Toll de bell, an-gel, I jes' got o-vuh,

Toll de bell, an-gel, I jes' got o-vuh, Well I

jes' got o-vuh at las'. . . . .

"But I ain' bin able to go no futhuh wid de
hime 'count mah mouf hurtin' me so bad. I
clap mah han' up-side mah face an' commence
lookin' ove' mah min' to see wat I'm gwine do,
wen somebody say: 'But no, Hampton,—dis
ain' yuh. Git up fum hyeah an' make music in
de buildin'. Unc' Andruh done crossed ovuh,
'tis true, but we all right hyeah wid yuh an' we
ain' gwine leave yuh go tell yuh makes loud
welcome an' long fahwell, so come on, git to
business.'

"I say, Lawd! people,—mah mouf hurt me
so bad I jes' ain' gwine be able to sing nuthin'

tell I moves mah chaihs out de pahluh (parlor).
I say, hyeah Konguhlay, hol' dese hyeah teeth
fo' me tell I git thoo singin' de praise,—an'
don't yuh drop 'um, no. So dah whah I gi'n
mah teeth to Konguhlay to hol', an' I say, come
on, evvybody,—

"Ain' bin to heaven but I bin tol'
Dey waitin' fo' me, waitin' fo' me;
Ain' bin to heaven but I bin tol'
Dey waitin' fo' me, waitin' fo' me;
Ain' bin to heaven but I bin tol'
Gwine play 'fo mah Fathuh on a hawp o' gol'
Way ovuh in de heavenly lan'
Waitin' fo' me, waitin' fo' me."

"An dah whah I looked 'roun' an' seen
Konguhlay sprawled back in 'is chaih sleepin'
de same like 'e was home in 'is baid; an' I say:
Konguhlay, wake up fum hyeah! Da's all de
respec' yuh got,—fallin' sleep dat-a-way 'fo de
daid an' de livin'? Wake up fum hyeah 'fo
yuh drops mah good teeth on de flo' an' cracks
'um half-in-two. Dah whah somebody say:
'Hampton, leave Konguhlay be an' git to busi-
ness. Nobody ain' worrin' 'bout Konguhlay
sleepin', long's da's 'is pleadjuh.'

"I say: No, nobody ain' worrin' 'bout 'is
pleadjuh, but yuh sho can' keep fum worrin'
'bout 'is p'yeahunce,—sprawled back dah
sleepin' wid 'is tongue hangin' out like one dese

hyeah lizzuds. But lessus leave it be,—an'
come evvybody, we gwine go 'round de wall:

"Come on, elduh, let's go roun' de wall,
        Dat suits me.
  Come on, elduh, let's go roun' de wall,
        Dat suits me.
  Come on, elduh, let's go roun' de wall,
  I don' wan' stumble an' I don' wan' fall,
        Dat suits me

"Take kyeah, membuhs, how yuh walk on de cross,
        Dat suits me.
  Take kyeah, membuhs, how yuh walk on de cross,
        Dat suits me.
  Take kyeah, membuhs, how yuh walk on de cross,
  Yo' foot might slip an' yo' soul git los',
        Dat suits me.

"Wen I die, Lawd, I wanna die right,
        Dat suits me.
  Wen I die, Lawd, I wanna die right,
        Dat suits me.
  Wen I die, Lawd, I wanna die right,
  Wanna march up in de kingdom all dressed in
                w'ite,
        Dat suits me.

"Well, suh, evvything was goin' on fine tell
I come to dat paht de hime, wen all at once,
somebody gi'n a tuhbul scream, an' nex' thing
I knowed, evvy blessed mawdle had broke out

an' was runnin' an' buttin' an' stumblin' ove'
one nuthuh like Jedgemen' Day had comed up
on 'um.

"An' me too,—I ain' stop to ax no queshtun,
eithuh look to see wat happen, 'cause I say, 'ef
Unc' Andruh done comed back to life agin I'm
gwine leff 'im in de han's dem King Daughtuhs
an' make has'e home to mah own good house.

"Yas, Lawd. An' I sho did run. But I
ain't got in de house good wen who come
steppin' up in de room but Konguhlay, lookin'
like 'e done bin drooged thoo de hepsadams o'
de harruh. I say, but no, Kong, kin yuh in-
tuhpetate wat 'twas all 'bout? Who 'twas
staht de rucuss?

"Konguhlay looked at me scawnful, an' 'e
say: 'Gawd knows, Hampton, yuh sho is a
'ceitful nigguh, stannin' up hyeah an' axin' me
so brazen who staht de rucuss! 'Twan' no-
body but yo' devlish sef', callin' all de people
'tenshun to me sleepin' wid mah tongue hangin'
out like a lizzud. Dem ugly heroes nev' would
bin thought 'bout inny devilmen' 'ef 'twan' fo'
yo' nasty practice habit, all time wan' make
game o' people!'

"I say: Go-long,—but wat dey done yuh,
Kong?

"Konguhlay say: 'Wat dey done! Wat dey
done? De nasty Pharisees,—went hunt up
some dis hyeah quinine powduh an' come
sprinkle it all ovuh mah tongue wen I was

sleepin' an' ain' bin able to he'p mahse'f, da's wat dey done.'

"I say: Go way, Konguhlay, an' 'scuze me fo' laughin' at yuh, but Gawd knows I can' he'p it. But tell me, wat yuh did den?

"Konguhlay say: 'Ain' did nothin' but woked up hap-hazzud an' broke out in de street broadcas', an' ain' stop runnin' till I come to de potakerry shop. An' mansuh, wen I runned up in de place I could hahdly talk. I looked at de man, an' I say,—fo' Gawd sake, Mistuh Ahchie, gimme somh'n quick, cause mah very gall done bus'!'

"I say: Konguhlay, is yuh a whole fool by yo'sef? Don't yuh know ef a thing like dat happen to yuh, yuh gwine drap daid on de spot an' ain' gwine have no strank to run all dem blocks yuh say yuh runned clean yondah to Mistuh Ahchie potakerry shop?

"Konguhlay look at me scawnful, an' 'e say to me: 'Look, ole nigguh, hoccum yuh all time wan' 'spute wat people tell yuh? Co'se I knowed de thing had done bus',—could'n I tas'e it?' "

WAITIN' FO' ME

Ain' bin to heaven but I .. bin tol' . . . dey

waitin' fo' me . . .   waitin' fo' me . . . .

Ain' bin to heaven .. but .. I bin tol' dey

waitin' fo' me . . .   waitin' fo' me . . . .

Ain' bin to heaven but .. I .. bin tol' gwine

play fo' my Fathuh on a hawp .. o' gol' ..

Way ovuh in de heavenly . . . lan' . . . .

Waitin' fo' me,   waitin' fo' me.

WAITIN' FO' ME

I got a mothuh in de heavenly lan',
Waitin' fo' me, waitin' fo' me,
I got a mothuh in de heavenly lan',
Waitin' fo' me, waitin' fo' me,
I got a mothuh in de heavenly lan',
Take me to mah Fathuh, lead me by de han',
Way ovuh in de heavenly lan',
Waitin' fo' me, waitin' fo' me.

I got a Fathuh in de heavenly lan',
Waitin' fo' me, waitin' fo' me,
I got a Fathuh in de heavenly lan',
Waitin' fo' me, waitin' fo' me,
I got a Fathuh in de heavenly lan',
Gwine lay down mah burden, He'll unduhstan',
Way ovuh in de heavenly lan',
Waitin' fo' me, waitin' fo' me.

Go 'long, sistuh, I know yuh befo' me
Waitin' fo' me, waitin' fo' me,
Go 'long, sistuh, I know yuh befo' me
Waitin' fo' me, waitin' fo' me,
Go 'long, sistuh, I know yuh befo' me
But yuh won' git no high'n glory,
Way ovuh in de heavenly lan',
Waitin' fo' me, waitin' fo' me.

Gwine cool mah fawid in de heavenly breeze,
Waitin' fo' me, waitin' fo' me,
Gwine cool mah fawid in de heavenly breeze,
Waitin' fo' me, waitin' fo' me,

Gwine cool mah fawid in de heavenly breeze,
Yondah in de kingdom on mah knees,
Way ovuh in de heavenly lan',
Waitin' fo' me, waitin' fo' me.

DAT SUITS ME

Come on, el-duh, le's . go 'roun de wall   Dat   suits

me. Come on, el-duh, le's . go 'roun de wall . Dat suits .

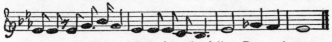

me. Come on, el-duh, le's . . go 'roun de wall . . .

Don' wan stumble an' I don' wan'-a fall . . Dat suits . me.

DAT SUITS ME

Take k'yeah membuhs how yuh walk on de cross,
        Dat suits me.
Take k'yeah membuhs how yuh walk on de cross,
        Dat suits me.
Take k'yeah membuhs how yuh walk on de cross,
Yo' foot might slip an' yo' soul git los',
        Dat suits me.

Come on, sistuhs, can't yuh he'p me sing,
      Dat suits me.
Come on, sistuhs, can't yuh he'p me sing,
      Dat suits me.
Come on, sistuhs, can't yuh he'p me sing,
Dis feelin' in mah buzzum is a happy thing,
      Dat suits me.

Yuh kin weep like a willow an' moan like a dove,
      Dat suits me.
Yuh kin weep like a willow an' moan like a dove,
      Dat suits me.
Yuh kin weep like a willow an' moan like a dove,
Ef yuh wan' git to heav'n yuh got to go wid love,
      Dat suits me.

Some come limpin' an' some come lame,
      Dat suits me.
Some come limpin' an' some come lame,
      Dat suits me.
O some come limpin' an' some come lame,
An' some come walkin' in mah Jesus' name,
      Dat suits me.

W'en I die, Lawd, I wanna die right,
      Dat suits me.
W'en I die, Lawd, I wanna die right,
      Dat suits me.
W'en I die, Lawd, I wanna die right,
I wan' mahch up in de kingdom all dressed in w'ite,
      Dat suits me.

VINEY FIELD

VINEY FIELD

It was her great skill in the culinary art that won for Viney Field the renown she enjoyed among the colored people of the East Green.

She was in constant demand with the most exclusive families of the town but her stay with any of them was always tantalizingly brief, for no other reason than that she preferred remaining at home to "puhvide fo' mah own good lawful husban' Mitchell."

During one of these spells of domestic retirement, while out one morning provision-hunting for the regalement of the personable Mitchell, Viney met Sis' Tildy coming from market, accoutered like herself with a covered market basket. They both stopped to salute, and Viney said:

"W'as dat yuh toatin' shet up in yo' basket so tight, Sis' Tildy? Look like yuh wan' make people think yuh got a hidden myst'ry on yo' ahm?"

"No'n deed, Sis' Viney," answered Tildy, smiling; "tain' nothin' seecut in dis basket; 'tain' nothin' but some hog meat I bin bought yondah to de butchuh-shop, to st'yew down wid a mess o' mustud-greens fo' mah ole man suppuh dis evenin'.'"

"Go haid, Sis' Tildy, yuh kin keep yo' mustud-greens; I nev' is bin liked dat kin' o' Creeyawl vittuls; I ain' fin' it got inny supshun to it."

"Who? Sis' Viney,—yuh ain' eat hog meat an' mustud-greens all smothud down in lahd an' red onion an' gahlick an' seas'nin' an' things? Gawn, ooman, da's one mo' good-eatin' loud-smellin' pot. Yassen deed, da's a pot wat des natchally holluhs. An' lemme tell yuh, I knows how to play wid dem greens too, —who? Yas ma'am, I loves mah greasy meat an' greens an' herbs an' things. Yas ma'am, da's one thing I thinks 'bout all de time, mah eatin's. 'Cause yuh know, dey tells me wen yuh gits up yondah in de Kingdom, yuh gotta live off milk an' honey; an' Gawd knows, Sis' Viney, da's one kin' o' mixtry wat nev' is got 'long wid mah intwuds. But ef dey 'lows me a chance to take 'long wid me a basket o' greens an' seasn'in' an' things wen de Lawd call me,—

chile, sech anuthuh cookin' an' st'yewin' dey
gwine be up yondah, I know evvy one de angels
fum all ovuh heaven gwine come 'roun' wen
dat pot commence lettin' out de flavuhs o' dem
onions an' greens an' things,—who?—yassen
deed, Sis' Viney, yuh see 'um come buttin' an'
scufflin' same as inny yuthuh hongry people."

Viney made no reply but looked at her boast-
ful friend in scornful silence. Tildy, fully
satisfied that she had revealed to her neighbor
the unsuspected worth of her cleverness,
walked away laughing with great enjoyment.

Viney's sense of proportion was thoroughly
scandalized. And that evening at supper, still
thinking of Tildy's unneighbor-like arrogance,
she went to the back door of her kitchen, and
in a loud voice which could be heard by Tildy
next door, she called out to her husband who
was sawing wood in the yard:

"Mitchell! . . . Mitchell! . . . W'ynt yuh
come in hyeah an' git yo' suppuh 'fo all dese
chitlins an' gravy an' cawn bread an' simon-
feesh an' sahdines an' coffee an' things git so
col' yuh ain' gwine feel like eatin' 'um?"

Mitchell came running in, and looking at his
wife in great astonishment, asked her:

"Viney, yuh ain' got all dem things yuh name
fo' suppuh dis evenin' sho 'nuff, is yuh?"

She looked at him for a moment in silence,
then answered in an undertone:

"Mitchell, yuh know yuh ain' bin brought

home nothin' but one ole ham-bone. An' all
de change yuh gi'n me was one dry nickel wat
I bought grits wid dis mawnin'. An' even ef I
ain' got all de things I name, yuh know good
I ain' nevuh bin stint yuh on yo' li'l foods 'long's
I bin able to hol' mah reppatashun in de w'ite
folks' kitchen;—but I des wan' let Sis' Tildy
know dat we-all got a li'l mo'n plain hog meat
an' mustud-greens she made so much myray-
shun 'bout dis mawnin'. Stannin' up yondah
on de street cawnduh an' lyin' so brazen, like
mustud-greens an' hog meat was som'hn sine-
tiffic."

THE TWO TOAD FROGS

THE TWO TOAD FROGS

The field-hands never lacked amusement when Prune was around. He had a song or a joke or a story for every occasion, and his enthusiastic manner of delivering them "verbatim, literatim and accentuatim" lent a charm to the most commonplace incident.

One day they were spraying the artichoke plants with tobacco dust, and a rain storm coming up, they had to take shelter under one of the large spreading live oaks in the field. A frog began to croak in a ditch near by, and very soon there was a full frog chorus shouting a jubilant rain song.

"Lissen at 'um," said Prune, "des lissen at 'um; try'n to make people b'leeve dey makin' de rain fall,—an' yuh know, a bullfrog is a crittacul lookin' beas' we'n yuh come to 'zamine 'im close? Yas 'e is. But a toad frog is a objic'! Yas 'e is; 'e look like Gawd mus' bin cuss 'im. But 'e got sense; yas 'e is. And' 'e kin he'p 'imsef', too.

"Yuh know, one time I was workin' in Mistuh Flooin' milk-dairy yondah in Gritny, an' I use to sleep right in de room whah dey put de big crocks o' milk to turn souah fo' cream cheese. Well, dey had two toad frogs w'at use to come in dah evvy night aft' I done got in mah baid, an' man-suh, dem two toad frogs 'ud commence talkin' tutten an' callin' at each-a-nuthuh in dey langwidge tell I could hardly sleep. Yas suh, dem toad frogs sho did talk.

"Well, one night, des aft' I had slipped in baid an' was fixin' to stretch out to mah cumfut, I hyeah'd som'hn des a-splashin'; an' I riz up in mah baid an lissen, an' I say to mahsef: 'Tain' nothin' but one dem playgone toad frogs gone fell in a crock o' milk.—An' da's des wat it was, too. So I lissen agin, an' den it p'yeah'd to me dah was too much splashin' to be des only one toad frog,—mus' bin two'v 'um done fell in de crock.

"Well, I ain' had time to think good, w'en hit look like I hyeah'd de frog say:

> "O Mistuh,
> Won't yuh please suh he'p me!
> Ef yuh don' come he'p me
> I'm sho gwine drown."

"An' den I could hyeah 'im des a-kickin' an' a-splashin'. Den I hyeah'd 'im holluh agin:

> "O Mistuh,
> Won't yuh please suh he'p me!
> Lawdy, lawdy,
> I'm sho gwine drown."

"Den I say to mahsef': Dat soun' like de same one w'at holluh des now. Dey mus' be got only one frog fell in de milk. Den I could hyeah some mo' kickin' an' splashin'.

"Well, I des sot up in mah baid an' lissen fo' a while, an' den I say to mahsef: Da's dat same toad frog w'at come hyeah evvy night w'en I be in baid an' keep me fum sleepin,' wid 'is loud cah'y'n-on, coaxin' a whole mul'tude o' frogs in hyeah like dis cream cheese room was hyeah des fo' dem to hol' dey all-night pim-pam. I'm gwine leave 'im drown, an' maybe den I kin git some res' hyeah-aftuh. So dah whah I laid down agin. But I did'n fell asleep fo' a long time, 'count o' de tuh'bul splashin' an' goin' on, an' de way dat frog kep' hollin':

"Lawdy, Mistuh,
Yuh gwine lemme drown?"

"Well, de nex' mawnin', w'en I got up, I had done clean forgot 'bout de toad frog, an' 'long 'bout middle-day, w'en I went to skim de cream off de milk,—bless Gawd! ef I ain' foun' two toad frogs in one de crocks o' milk,—one lay'n on de bottom daid, an' de yuthuh one settin' up high an' dry wallin' 'is eyes at me like 'e thinkin', 'W'at yuh had to do wid it?'

"Yas, people, de toad frog w'at holluh an' cry so hahd fo' me to he'p 'im, mus' bin swalluh so much milk evvy time 'e open 'is mouf, 'e

des natchally drown 'is own-se'f. An' de
yuthuh toad frog des kep' on kickin' an'
splashin' all thoo de night tell 'e des natchally
churned 'im a pile o' buttuh out de milk, so
w'en mawnin' come, yondah 'e was saved,
settin' up dah floatin' 'roun' like John on de
I'lan.''

COOPUHZANNAH'S LOVE SONG

COOPUHZANNAH'S LOVE SONG

Coopuhzannah said:

"I know good I'm cullud folks, but I know gooduh still, I got w'ite-folks mannuhs an' behayviuh; but I can't he'p it, 'cause mah mothuh des natchally bawned me dat-a-way. An' inny-how, I come fum a fam'ly wat was raise'."

Coopuhzannah was thinking about getting married, and he said:

"I know de love-bug done bit me, 'cause I kin tell by mah instinks. So I ain' gwine trifle too long wid mah feelin's 'tell I settle down an' pick me one comp'ny-keepuh. 'Cause da's a tuh'ble thing w'en a man wait tell 'e git ole an' feevish 'fo 'e settle down,—w'en 'e be ole an' be settin' down in de cawduh to 'issef', an' 'e commence lookin' back on de days 'is younguh youth, an' 'e reelize to 'issef,'—Lawd, wat I could bin did w'en I was a man 'munks mens, an' a natchal jewl'ry 'munks de wimmins!"

So Coopuhzannah has settled on the lady of his choice, and he is going to marry, "not no rag-time, shoo-fly kin' o' matrimony, but de ginnywine, sistiffikit kin', wid de eye-witness han' writin' signed up on de papuh."

Like all true lovers, Coopuhzannah is a poet unconscious of his powers. And whether alone in his room or working along the road, his thoughts are always of his lady-love, and they always make him sing in a mood something like the following:

BABY IN A GUINEA-BLUE GOWN

Oh I ain' gwine stay no lon-guh, Gwine-a
pack my bun-dle an' go, Cause way ovuh yondah in a
guinea-blue gown dey got a la-dy I use to
know, O git yuh ready in de maw-nin', I'm goin' away . . .
. . . To mah baby in a guinea-blue gown. . . . .

O I ain' gwine stay no longuh,
  Gwine pack mah bundle an' go,
'Cause way ovuh yondah in a guinea-blue gown
  Dey got a lady I use to know.
    O git yuh ready in de mawnin',
      I'm goin' away to mah baby in a guinea-blue
        gown.

I met de lady one evenin'
  She was goin' home all alone;
I say, yuh bettuh lemme come an' go 'long fo'
    comp'ny
  An' I cah'y yuh thoo de dahk clean home.
    O git yuh ready in de mawnin',
      I'm goin' away to mah baby in a guinea-blue
        gown.

I cah'y'd de lady thoo de pastuh,
  I cah'y'd 'uh thoo de puckawn lane,
I cah'y'd 'uh thoo de dahk to 'uh own front do'
  An' she nevuh even tol' me 'uh name.
    O git yuh ready in de mawnin',
      I'm goin' away to mah baby in a guinea-blue
        gown.

So I went straight back de nex' mawnin'
  An' I ax' fo' de lady right plain,
But dey tol' me dat de lady done gone in de fiel'
  Whah de wimmins was cuttin' cane.
    O git yuh ready in de mawnin',
      I'm goin' away to mah baby in a guinea-blue
        gown.

So I went down yondah to de cane fiel'
  An' I looked all up an' down,
An' I axed all de wimmins an' dey say dey ain' seen
  No lady in a guinea-blue gown.
    O git yuh ready in de mawnin',
      I'm goin' away to mah baby in a guinea-blue
        gown.

Den I crossed ovuh yondah to de bayou
  Whah de mens was pickin' moss,
An' I ain' seen de lady dah no whah roun',
  An' I say, well she mus' be los'.
    O git yuh ready in de mawnin',
      I'm goin' away to mah baby in a guinea-blue
        gown.

But I kep' on huntin' till de evenin,
  An' I tell yuh I sho felt so'e;
But w'en I got home, Lawd! de lady was a-waitin'
    fo' me
  Yondah at mah own front do'.
    O git yuh ready in de mawnin',
      I'm goin' away to mah baby in a guinea-blue
        gown.

AUNT KIZZIE'S TROUBLES

AUNT KIZZIE'S TROUBLES

But 'scuze me, mah young Miss Angeline,
  I jes' pass by an' I thought I stop.
An' Lawdy! Miss, yuh sho looks fine,—
  But lemme set down, 'cause I'm fit to drop.
Yuh know, I'm stay'n way down de road,
  Way down pass ole man Hepkin place.
An' yuh know, sence Emmaleet done growed
  Dat no-count Silvy ain' showed 'uh face?

Now hoccum big Silvy ack so strange?
  She ain' bin seen me ack like dat.
I dunno how 'tis, but time done change,—
  Dese nigguhs all try'n to be 'ristuhcrat.
Yuh know how 'twas in mah good time
  W'en I lived 'long-side Mam' Pohlizee
An' scrub fo' nickel an' wash fo' dime,
  Wid Em'leet, Silvy an' all we three?

Da's long 'bout de time ole Luke passed 'way;
  (An' lef' me po'n a jay-bird, chile)
But I had mah w'ite-folks, glad to say,
  An' I got 'long vehy good all dis w'ile.

But wat I aim to tell yuh 'bout
   Was 'bout dem goats I had to sell:
Don't yuh know dem goats dey all broke out?
   An' whah dey gone takes a Gawd to tell.

Da's wat make I'm up hyeah today,—
   Bin try'n mah bes' 'to track 'um down,
'Cause yistiddy ole Unc' Hamtun say
   'E spec big Silvy done tuck 'um in town.
So me an' Em'leet got up soon
   An' come thoo Gritny huntin' hahd;
W'en wat yuh reckon? 'Long 'bout noon
   We sk'yivvuhs one goat in Silvy yahd.

An' wat yuh reckon big Silvy done done
   Ovuh yondah in big Noo Leens?
Gone sol' evvy Gawd blessid goat, 'cep one,
   'Dout mah knowins, an' ain' say "beans"
To me, huh own good natchal aunt
   Wat tuck an' raise 'uh out de street,—
Me,—scufflin' hyeah fum kin to can't,
   To gi'e 'uh own daughtuh som'hn t' eat.

But ain' da's wrong, Miss Angeline?
   Wat make de gal wan' treat me so?
Dem goats wahn' huh'n, dem goats was mine,
   An' she gotta pay fo's dis hum-bug sho,
'Cause she nev' is gived 'uh own good chile
   A paih o' shoes dese many days;
But I'm gwine fix 'uh aftuh w'ile
   An' make 'uh change 'uh reckless ways.

Black Silvy done fooled 'roun' hyeah too long,
   An' she gwine suffuh fo't all bom-by.
(Buzzud fly high w'en 'is wings is strong
   But 'e come down low w'en 'e go to die.)
I'm gwine yondah see Mistuh Cazzamee
   An' bring big Silvy 'fo de coat,
'Cause all dat money b'lonks to me
   Wat she done c'leck on all dem goat.

BUCCANEETAH'S TRIUMPH

BUCCANEETAH'S TRIUMPH

Old Uncle Shedrick was very proud of the fact that he had been married five times, and had freed himself of the five unfortunate ladies, but was still hopeful, even though an old man, "neithuh 'munks de daid an' neithuh 'munks de damned, but right hyeah whah prahs kin be heard an' mercy kin be got."

"Yas," he would say, "yuh see me hyeah, I bin took paht in five weddins. Not no shoofly, tuck-up kin' o' humbug, but married lawful 'fo de altuh, wid foah eye-witness', 'scuzin' de doctuh devinigie.

"Mah fus' wife was name Dilsy, an' she died des one week fum de night we got married. 'Twas one Sunday night, an' we-all was hol'in' a swa-ree, an' Dilsy ovuh et 'uhsef on poke meat an' cucumbuh sallit, an' it gi'n 'uh de collic an' she died.

"Den mah secon' wife was name Lodee; a li'l spa'h-made, narruh-hipded ooman; an' she caught 'uh death rednin' bricks 'fo de w'ite folks front do', plut'rin' in de wet an' watuh tell she tuck col' in de palms 'uh feets an' it gi'n 'uh de kahtah an' it kilt 'uh.

"Den mah nex' wife was name Jinnybell, an' she lef' me cause I 'fuse to puhvide 'uh wid a nickel three times a day to buy 'uh stimalashun, mawnin', evenin' an' middle-day. Yassen deed, Jinnybell sho was foolish 'bout 'uh lickuhs. An' she 'low she wa'n gwine stay wid nobody wat could out-drink 'uh, so dah whah she lef' me. But dey tell me she ain' lived so long aft'uds.

"Den de nex' one, she was name Mahsella; an' she died fum too much strainin' on de voice leadin' de singin' in church fo' so long. De doctuh was wan' say Mahsella mus' bin had de toobawnkaloosey, but de ooman ain' had nothin' mo' de mattuh wid 'uh but de Creeyal pip.

"Den mah las' wife was name Buccaneetah. An' lemme tell yuh, I sho thought Buccaneetah was diffunt fum de res'. Yassen deed; fus' time I seen 'uh I say: dis hyeah ooman ain' nothin' but a fadle instument Gawd done picked out an' put 'is finguh on,—an' she look like a ooman yuh kin put pennunce in, an' a ooman yuh kin trus' wid innything, fum seecut fam'ly faihs to finanshul.

"An' all dem yuthuh nigguhs mus' bin thought de same way; 'cause wat dey did, but made 'uh seckaterry de young lady Merry Go Roun' 'way up yondah to Milladawn plantation fo' three yeahs successful han'-runnin'. Yas dey did. An' de rosette wat she used to weah 'cross 'uh buzzum I got home yondah in de berow draw till yet.

"Yassen deed, I sho thought Buccaneetah was to be trus'. But had to wait till she comed up in mah house, lawful wife an' buzzum frien' an' rizzadent an' pahtakuh of evvything watsome-evuh was concernin' mah Loozanna privlidge, to see 'uh change complete, an' see 'uh come to be de 'caysion o' me des natchally thowin' way all mah 'tenshun fo' evvy kin' o' wimmin folks fo' good.

"How she come to know I had all mah money in de eas' powduh box jammed twix de wall an' de coffee-grinduh in de kitchen, I dunno. 'Cause I ain' nevuh tol' 'uh. All she knowed, was, I had some money fum de law suit I had 'ginse ole Unc' Tom Cammul fo' killin' mah bo'-hog de time 'e was plowin' mah g'yahden.

"I ain' tol' 'uh no mo'n dat Unc' Tom Cammul come to me one time an' ax me to len' 'im mah mule to plow in 'is g'yahden, an' I tol' 'im, all 'e had to pay me was to plow mah g'yahden fo' me soon's 'e got done plowin' his'n; an' Unc' Tom say, da's faih 'nuff.'

"Yuh see, de place whah I had mah g'yah-
den was use to be a cypuss swamp way back
yondah in anshun' days, an' de time dey was
hewin' down all de trees dey mus' bin use dis
hyeah thing dey calls dyna-my to blow up de
cypuss stumps. Well, dey mus' bin lef' some
de dyna-my buried in de groun' whah Unc'
Tom was plowin', an' mah ole red bo'-hog,
rootin' roun' 'munks de new plowed groun',
mus' bin come 'cross a piece de dyna-my an'
des natchilly et de thing up like hogs will do,
'dout knowin' de thing was dang'us.

"Well, Unc' Tom was settin' down und' de
puhsimmon tree smokin' 'is pipe an' ressin'
hissef, an' mah ole mule was stannin' wid 'is
haid half way down in a ba'hl o' cow-pea vines,
eatin' peaceful, wen mah ole red bo'-hog come
'long lookin' like 'e wan' meddle, an' Unc' Tom
up wid a clod o' mud an' pitched it at 'im to
chase 'im away.

"Wen bless Gawd! de bo'-hog gi'n a heavy
grunt wat mus' bin made de mule thought
'twas thunduh, wid 'is haid way down in de
ba'hl,—an' dah whah de ole mule kicked out
'is back laigs an' struck de hog smack in de
stummick,—an' mansuh, ef dat hog didn' ex-
plode an' scattuh 'is whole se'f 'roun' dat g'yah-
den like one dese hyeah foath o' July fiah
crackuhs.

"An' des like da's de las' thing I seen o' mah
red bo'-hog, da's de las' thing I seen o' mah

money I got fum ole Unc' Tom fo' killin' mah hog. Yassen deed.

"'Cause de eas' powduh box wat I always kep' mah bounty in, disapp'yeahd fum twix de wall an' de coffee grinduh in de kitchen de vehy nex' mawnin' aft' de weddin', wen Buccaneetah come kiss me good-bye an' say she was gwine yondah to de doctuh to git 'uh ancestry cut out.

"An' I 'spec' 'e mus' be ain' foun' it yet, 'cause Buccaneetah ain' nevuh come back."

ESSICK SOLILOQUISES

ESSICK SOLILOQUISES

The loneliness and humdrum monotony of the cypress swamp were far from being conducive to happiness to a sentimental young colored gallant like Essick. To be separated from his lady-love for weeks, way back in the cypress swamp, cutting cross-ties for the railroad,—far away from all friendly companionship and comforts of home,—he feels his discontent haunting him and making his burden intolerable and he longs for the lady of his bosom.

It is evening and he is seated outside of his shanty, before a smouldering fire of damp moss, built to smoke off the mosquitoes, and he sees a vision of an old house across the pasture in the East Green where old Aunt Lucy Butts lives with her two granddaughters, Mag and Ahzeena. Mag is celebrated for her dancing. She can do the "cayro-back," the "billy-ma-slip," the "cat-scratch," the "pas-ma-la," the "pull-de-skiff," the "nanny-goat struggle," and many other weird-sounding and wonderful-seeming dances; but her greatest dance is the "buzzard-lope." Just let her cover her face with her apron, and as she would express it, "put mah han's on mah hips an' let mah min' go 'stray," she can dance on until daybreak and never tire.

In the moonlight of his vision Essick sees Mag and the usual crowd of young folks that gather in the evening to play games on the board-covered fire well at the street corner,— they are all there, Becca and Bertha, Kinney, Melkiah, Pompey, Lilee and Looloo and Doctuh Smith, and all the others, shouting their songs and games until the nine o'clock bell rings and warns them to scamper home.

A few bars of a well-remembered game float over to him brokenly:

"DO, DO LET ME OUT"

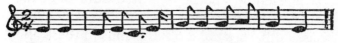

Do, do let me out, I'm in some la-dy's gah-den. . . .

He lifts his head attentively, and through the swaying garlands of moss he hears the wind go by singing:

RING GAME

Cof-fee grows on de w'ite oak tree, Rocks ovuh yondah

shine like gol', All de young ladies love suguh an' tea. . . . .

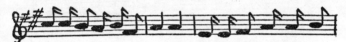

All de young gentmen love can-dy, All de young ladies kin

wheel all aroun', An'   kiss de young gentmen so   han-dy.

Mag is the important figure of the vision. She arrests his attention and gradually all the others fade away in the moonlight. Essick is very lonely without Mag, and trying to console himself he begins making a love-song of the thoughts that go creeping through his fancy. The soft glow of the smouldering fire lends a charm in perfect accord with his introspective mood and the lazy melody he improvises for it:

HONEY BABY

O dey ain' but one thing a-wor-rin' my min', But

one thing a-troublin' me . . . all o' de time, Ses I

wonduh whah   is mah hon-ey ba-by   gone. . . Hit's

but one peo-ple I'm   grievin' to see,   O   my

honey   ba-by   is yuh grievin' fo' me, Lawd I

ain' wish fo' comp'ny like I'm wishin' now sence I bin bawn. . .
                                        Cause my

honey baby says yo papa ain' mad wid you . . Cause

yuh done done fo' me wat no yuthuh ooman kin do. . I'm

gwine down yondah to de w'ite folks' potakerry foam. An'

ax 'um fo' to tell yuh dat I'm stahtin' on mah journey home.

"I tell yuh, people, says mah troubles is hahd,
Mah baby way yondah in a yuthuh people yahd,
　An' me hyeah waitin' fo' a lettuh fum down de
　　road.
So mah honey-baby, put de pot on de hook,
I got a mighty appatite fo' wat some-evuh yuh
　cook.—
　　Lawd, I'm mos' done played out fum toatin'
　　dis tuh'bul load.

(Chorus)

"O mah honey-baby, says yo' papa ain' mad wid
　you,
'Cause yuh done done fo' me wat no yuther ooman
　kin do.
　I'm gwine down yondah to de w'ite folks pota-
　kerry foam
　An' ax 'um fo' to tell yuh dat I'm stahtin' on mah
　journey home.

"O I lef' mah baby cause she treated me mean
Yondah in mah kingdom in de big Eas' Green,
But I can' keep fum thinkin 'bout mah baby
dese couple o' days.
'Cause mah baby's a seamstuh, she kin wash an'
st'yew;
She's a natchal-bawn workin' ooman th'oo-
an-th'oo,
She's a gal fum mah home but she cert'ny got
low-down ways.

(Spoken)   But inny-how, I can't he'p sayin:

"O mah honey-baby, says yo' papa ain' mad wid
you,
'Cause yuh done done fo' me wat no yuthuh ooman
kin do.
I'm gwine go down yondah to de w'ite folks pota-
kerry foam
An' ax 'um fo' to tell yuh dat I'm stahtin' on mah
journey home.

(Spoken)   I'm gwine say:

"Hello Centul, won't yuh gimme long distun foam?
O Miss Exchange-lady, won't yuh gimme long
distun foam?
O please young lady, won't yuh gimme long
distun foam,—
I wan' foam to mah baby dat I'm stahtin' on mah
journey home."

STELLA

STELLA

Unlike her name, there was nothing about Stella suggesting anything aerial or aesthetic. When you looked at her you were impressed that the resemblance was nearer to something like a battering-ram, constructed for long and laborious siege. But when you heard her voice, there was something about its light, plaintive music which gave you a feeling of exotic pleasure you could never readily connect with so commonplace and mundane a thing as a "wash-lady,"—to which honorable persuasion Stella belonged by right of inheritance, inclination and real efficiency.

The weird charm of her voice was fully manifested one evening when the following recital took place.

She had brought home the week's washing,

and seeing her dressed in mourning, I asked if any member of her family had died.

"No suh," she replied calmly, "d'ain' nobody daid. But yuh know, mah husban' Bud was shot thoo de neck, an' we got 'im yondah to de Chad'dy Hospittul mighty critacul."

Seeing my face betray some interest, she continued:

"Yas suh, 'is bes' frien', a man dey call Jesse, shot 'im in col' blood des ove' a game o' cahds. Yas suh. Yuh know, dey was play'n cahds on mah kitchen table, an' I was dah i'nin' on yo' clo'se, an' mah husban' Bud commence kiddin' Jesse 'bout 'is p'yeahunce an' de raggedy cottonahd jumpuh wat 'e had on. An' Jesse ain' said nothin' back to 'im, an' mah husban' Bud jes' kep' on kiddin' 'im, like mens will do.

"Well, w'en Jesse seen dat Bud look like 'e ain' gwine stop, 'e ain' say a mumblin' word to nobody, but got up fum de table, an' ma'ch 'imsef' all de way up to Rampaht Street, an' got 'im a pistol an' comed back. An' dah whah 'e walked straight up in mah kitchen, an' p'int de pistol at mah husban' Bud, an' ain' did a thing but shot mah husban' thoo de neck, right befo' mah very eyes.

"Well, suh, w'en I seen mah husban' fell 'cross de kitchen do'-sill,—hit look like evvything got pitch black 'fo mah face,—an' I des th'owed mah haid back, an' I say:

A LAMENT

Lawd, Re-dee - muh, Jesse done slew'd 'is buzzum frien',

Jesse done took my mothuh, Fa-thuh sistuh brothuh, My

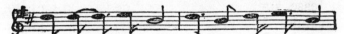

house rent . . an' all, Lawd, Re - dee - - - muh,—

Ef you gwine take Bud, Please Lawd take me too, cause

Jesse done slew'd 'is buzzum frien' An' took my bread and buttuh.

MISTAH DAN'S BUKETAYSHUN

MISTUH DAN'S BUKETAYSHUN

Y'awtuh stop all y'all talkin', 'cause y'all des medlin'
   In w'ite folks bizness yuh don' un'stan'.
'Tain' no kin' o' mizry, eithuh weak cawnstew-
       shun,—
   Mistuh Dan des natchally a up-set man.

Who?   I kin read 'is min' des de same's a dilog,
   'Cause I bin lived in de fam'ly, me.
An' sence y'all try'n t'ack so induh-quiztun,
   I kin tell yuh w'at de trouble be.

Mistuh Dan was a man a heap too puhtic'luh
   To git all 'e specked to git out o' life,
An' 'e oughtuh could bin tried be not so foolish
   W'en 'e fix 'is min' fo' to pick 'im a wife.

Mistuh Dan went fly'n 'roun' hyeah munks de
      wimmins
   De bigges' roostuh in de whole push;

An' 'e kep' on a-fly'n an' blow'n 'roun' reckless,
  Nothin' but a rag on evvy bush.

An' af' 'e done gone thoo de whole big g'yahden
  Pickin 'an' choosin' wid a empty haid,
'E gone an' lef' all de good flow'hs yondah
  An' picked 'im a no-count lizzie-baid

W'at stickin' 'is cawnshunce like a fatal thissul,
  De same's a man in a briah-patch;
An' da's de whole seecut Mistuh Dan buketayshun,
  An' all 'e kin do's des natchally scratch.